現代哲学への招待
Invitation to Contemporary Philosophy
監修 丹治信春 Supervised by Nobuharu Tanji
Japanese Philosophers

時間という謎

Time: The Mystery

森田邦久
Kunihisa Morita

春秋社

はじめに

時間論は哲学のなかではきわめて人気のあるトピックのひとつである。そのほかの人を惹きつける哲学的トピックである「心」や「存在」などと同じく、私たちに身近な日常的概念であり、かつ世界の根本をなす概念でありながら（むしろ「それゆえに」と言うべきか）、よく理解できない概念であることにその要因があるのだろう。そのため、国内においても哲学的時間論の著作はすでに数多くある。ところが、そのほとんどは純粋に哲学的な考察によるものである。しかし、現代物理学は私たちの時間についての直観を大きく変えることを迫っている。もちろん、時間に焦点をあてた現代物理学の概説書も多く存在する。だが、これらは哲学的な議論には踏み込んでいない。本書はあくまで哲学的な議論を中心とするが、現代物理学の成果も踏まえつつ、とくに「時間は本当に経過しているのか」という点に注目しながら時間を考察しようという点でユニークなものである。

いま述べた「現代物理学が時間についての私たちの直観を大きく変えることを迫っている」とはどういうことなのだろうか？　それは本書のテーマのひとつなので、本文で議論するわけであるが、ここでも少し述べておこう。もともと物理学――というより自然科学――は、時間についての私たちがもっている「時間が経過する」という考えかたと相性が悪い。「時間が経過する」とは正確にはどういうことかというのもまた難しいのだが、とりあえず時間が経過するためには客観的で特権的な「現在」という時間が実在することが必要となることは確かであろう（なぜそうなのかは一章で議論する）。しかし、自然科学にはこのような特権的な現在という時間が現れる余地はない。なぜなら、自然科学には、初期条件が同じであればまったく同じ現象が起きる（量子力学の場合でも確率は同じ）という大前提があるからだ（この点については七章で重要なポイントとなる）。つまり、時間（空間もだが）のどこを切り取っても同じであり均質的なのである。だが、（客観的で特権的な）現在とは、宇宙開闢以来、初めて、そしてただ一度だけ「現実」となった時点である。もちろん、現代物理学でも、宇宙全体をひとつの系としてみたとき、ビッグバン以来一度も宇宙全体が同じ状態になったことがないといえば（おそらく）そのとおりなのだが、いま話していることはそういうことではなく、原理上、現在とはほかの時点と厳密に区別されるべき特別な（状態ではなく）時点であるということである。このことは、言い換えれば、かりに宇宙全体が物理的に現在とまったく同じ状態になったことが過去にあったとしても、それでも現在はやはりその過去とは異なる特別な時点であるということでもある。

だが、それはたんに「自然科学に扱えない領域がある」として済ますことはできないのだろうか？　一九世紀以前ならそのようにいうことも可能だったかもしれない。だが二〇世紀に入り、相対性理論が登場することによって状況は変化したようにみえる。というのも、相対性理論は積極的に「時間は経過しない（特権的な現在は存在しない）」という立場を擁護するようにみえるからだ。まず、この理論によって時間と空間は互いに独立ではないことがあきらかになり、時間と空間はまとめて「時空間」と呼ばれるようになった。つまり、時間が空間化されたといえる。もし、時間が空間と同等のものであるなら、出来事はたんに時間軸に沿って並んでいるだけで、それらの出来事の様相が未来→現在→過去と変化していくことはない（空間ではそのようなことは起こらない）。

また、相対性理論の登場は客観的な現在の実在を否定しているように思える。本文（三章と四章）でも説明するが、相対性理論の重要な帰結に「同時性の相対化」というものがあり、これが「客観的で特権的な現在」というものの存在を危うくしているのである。どういうことか。「同時性の相対化」とは文字どおり、離れた地点での複数の出来事の「同時性」は絶対的なものではない、つまりどの観測者（慣性系）から観測したかによって、どの出来事とどの出来事が同時であるかが異なるというものである。いま私がある地点P_1にいて、たとえば右手を挙げたとしよう。また、ほかの地点P_2においてなんらかの出来事Eが生じたとする。そうすると、ある観測者O_1からは私が右手を挙げたこととEは同時の出来事であったが、別の観測者O_2からはそうではないということがある（というのが「同時性の相対化」である）。ここで、O_1とO_2が、私が右手を上げたことを観測した瞬間を「現在」だとする。そして、このとき、O_1とO_2は同じ地点にいたとしよう。

すると、O_1にとってはEも現在であるのに、O_2にとってはEは現在ではないことになる。ここで、O_1とO_2のうちどちらかがより基礎的な系であるということはいえない（すくなくとも物理学的に根拠はない）ので、どちらの「現在」が「本当の現在」であるということもいえないのであり、したがって、現在の絶対性が担保できないのである。

さらに、「時間は直線的である」という私たちの直観も変更を迫られる。というのも、一般相対性理論の教えるところによると、時間はかならずしも直線的ではないからだ。この点について、八章でくわしく議論するが、「世界のはじまり」の問題と絡めてここでも少し述べておこう。よく知られているように、「世界にはじまりがあるのか、それともないのか」という問いにたいして、一八世紀の哲学者であるカントは背理法を用いてそのどちらをも証明した。すなわち、⑴世界にはじまりがあることは不可能であることを示すことによって世界にはじまりがないことを証明し、⑵世界にはじまりがないことは不可能であることを示すことによって世界にはじまりがあることを証明したのである。これらの証明は大雑把にいうと次のようになる。

⑴　世界にはじまりがあるなら、そのはじまりの前には「空虚な時間」があったことになる。だが、空虚な時間から世界が生まれることは不可能である（無から有は生まれない）。それゆえ、世界にははじまりがない。

⑵　世界にはじまりがないなら、現在までに無限の出来事の継起が経過したことになる。し

かし、それは不可能である。それゆえ、世界にははじまりがある。

さて、これらの証明は成功しているだろうか？　まず、空虚な時間からは世界が生まれないということには根拠がない。また本文で再論するが、現代物理学では真空状態（ただし、「真空」といっても現代物理における特別な定義があり、まったく物質がない状態ではない）からどのように宇宙が生まれるかが議論されているし、さらには、時間も空間もない状態から宇宙がどのように生まれるかという議論も、これは主流ではないが、ある。それゆえ、(1)はかならずしも妥当な証明ではない。次に、この点が時間の直線性の問題と関係するのだが、世界が時間的に有限でありながらはじまりがないことは可能なので、世界にはじまりがないからといって、世界に無限の過去があるわけではない。どういうことだろうか。前述のように、一般相対性理論によると、時間はかならずしも直線的ではない。それゆえ、時間が円環的である可能性があるのだ。時間が円環的であり閉じているなら、世界は時間的に有限でありながらはじまりがない（おわりもない）ことが可能である。したがって、(2)もまた、妥当な証明とは言い切れない（このことは八章で重要なテーマとなる）。

また、これは「時間が経過する」という話と密接に関係があるが、私たちは時間には「向き」があると考えている。すなわち、過去から現在、そして未来へという向きである。一方、現代物理学だけではなく、それ以前の物理学（ニュートン力学など）も、世界は時間に関して対称的だと述べている（これらの基礎方程式が時間に関して対称的になっている）。唯一、熱力学の第二法則、いわゆるエントロピー増大則だけが物理法則のなかで時間の非対称性を述べている法則である。ところが、現代の理解では、熱力学も時間対称的な力学に還元されると考えられている。そうすると、時間対称的な法則からどのようにして時間非対称的な法則が出てくるのかという問題が生じる。この問題の解決は純粋に物理学の問題であるが、この問題が解決されても「時間に向きがあるのはなぜか」という謎を解決できているわけではなく、これは哲学的な問題である。なぜなら、かりに世界が時間的に非対称であっても、どちらが「過去」でどちらが「未来」なのかには答えることができないからだ。これは言い換えると、現代物理学では時間に向きがないともいえる（これは七章のテーマとなる）。

このように、現代物理学は私たちが素朴にもっている時間についての直観と相反する時間像を提供する。もちろん、「現代物理学がこういう帰結なのだから時間はこうなのだ」というだけでは哲学の存在価値はない。それゆえ、本書では純粋に哲学的な議論も併用しつつ現代物理学の成果も取り入れて、時間という謎について考えていこう。ただし、現代物理学を考慮に入れるといっても、相対性理論や量子力学の理論の詳細に踏み込む「ハード」な議論は展開せず、また、数式もできるだけ排除した。そして、現在の形而上学的な時間論はかなりテクニカルな議論が展開されているが、そうしたテクニカルな議論も避けつつ（一章の後半だけはややテクニカルな議論を含む）、しかし有益な議論を行うように努力した。したがって、物理学に苦手意識がある読者も分析形而上学の手法に馴染みがない読者もぜひ本書を手にとり、著者といっしょに時間という謎の解明に挑戦していただければ幸いである。

ここで本書の構成について述べておこう。本書は八つの章からなるが、そのうち第一章から第六章にかけてはさほどオリジナルな議論はない。主に第七章と第八章のための準備である。「時間が経過する」という時間論上の立場を本書では「動的時間論」と呼ぶが、第七章と第八章は動的時間論のもつ新しい問題点を提示する。

第一章では、時間論におけるさまざまな立場を導入して、「時間が経過する」とはどういう意味かを論じる。さらに動的時間論にたいしてなされたいくつかの批判を取り上げ、それらから動的時間論を擁護することは可能であることをみていく。もっとも、その擁護が成功しているかどうかは本書の興味の対象ではない。前述のように、本書の目的はそうした争点からは異なる問題点を提示することにある。それゆえ、二章は七章、八章の新奇さを強調するための先行研究紹介の章である。

第二章では量子力学、第三章では相対性理論、第五章では熱・統計力学のごく簡単な解説を行う。第二章での量子力学にたいする見方はやや非標準的であるかもしれない。また第四章では相対性理論から帰結する現在の相対性と動的時間論との関係も論じられる。第五章では、特に熱力学第二法則に注目する。熱力学第二法則は、物理学の法則で唯一、時間の非対称性を前提とした法則であるが、熱力学第二法則はほかの時間対称的な法則に還元可能であるといわれる。しかし、もし時間対称的な法則に還元されるならば、なぜ過去においてエントロピーがきわめて低い状態であったのかという問題が生じる。この問題にたいする標準的な回答を解説する。また、私たちが経験する時間の非対称性には、熱力学第二法則にしたがう熱力学的矢（熱は自然に高温物体から低温物体へと移動するがその逆はない）と心理学的矢（私たちはつねに過去を記憶し未来は記憶しない）があるが、心理学的矢は熱力学的矢に還元可能であることも論じる。このとき、物理学者のホーキングによる心理学的矢の熱力学的矢への還元の議論には問題点があることを指摘し、それを改訂した議論を提示する。

第六章では、因果に関するさまざまな哲学的議論を概説する。因果についても、私たちは「原因はつねに結果に時間的に先行する」という時間の矢（因果的矢と呼ぼう）をみている。しかし、因果概念がほかの概念に還元可能であるならば、因果的矢もほかの矢に還元可能であろう。そして、主な因果概念のほとんどは因果概念を原始概念とはみなさない（ここで、「原始概念」とは、ほかの概念に還元されないような概念のことである）。しかし、因果的力能の理論のように因果概念を原始概念とみなす理論もある。このとき、因果には原因から結果への内在的な方向性があるだろう。

第七章では、動的時間論のもつ問題点、より正確には動的時間論が解かなければならない課題を提示する。動的時間論は時間が経過するという理論であるから、時間は過去から未来へという内在的な時間方向をもっているはずである。ところが、前述の心理学的矢や熱力学的矢とこの内在的な時間方向が一致することは保証されない。静的時間論（時間は経過していないとする立場）では、時間の向きは規約的に決めることができる。すなわち、私たちの記憶がある方が過去であるとか、エントロピーが低い方が過去であるとかのように。だが、動的時間論は内在的時間方向があるのだから、これとこれら二つの矢が一致することを示さなければならないのである。本章では、かりに、たとえば熱力学第二法則がほかの時間対称的な法則に還元不可能であり、それゆえ世界には内在的な時間の非対称性があるとしてもこの問題は解けないことを議論する。なぜなら、非対称性と方向性は異なる概念だからである。また、因果的力能説のように因果に内在的な方向性があるとしても、やはりこの問題は解決できないことを示す。すなわち、因果に内在的な方向があり、それが必然的に時間の内在的方向と一致するとしても、なぜ出来事Eが原因となりEの記憶が生まれるのか、また低いエントロピー状態が原因で高いエントロピー状態が生まれるのかはなにも説明されないからである（それぞれのあいだに物理法則により保証された相関はあるのかもしれないが、どちらが原因でどちらが結果かは物理法則だけからはわからない）。そしてこの問題の唯一の解決方法は未来が開いていることであることを論じ、しかし未来が開いているならば物理学によって世界を記述することが不可能である（が、それは受け容れがたい）ことを論じる。

第八章では、動的時間論をとるならば、時間は経過しえないか、少なくとも時間ははじまりをもたなければならないことを論じる。これら七章と八章で提起される動的時間論への批判はまったく新しいものである。

＊＊＊

本書は、文部科学省科学研究助成費基盤（C）「現代物理学の知見を用いた時間に関する哲学的諸問題と時間の本質の解明」（JP26370021、研究代表者：森田邦久）および文部科学省科学研究助成費基盤（B）「現代時間論の新展開：現在主義と「時間の空間化」の是非をめぐって」（JP19H01187、研究代表者：佐金武）の支援を受けた研究の成果である。

時間論を専門とする梶本尚敏氏と、「現代哲学への招待」シリーズを監修されている丹治信春氏は、本書の草稿全てを読んでくださり、非常に有益なコメントをくださった。時間論を専門とする佐金武氏は、「はじめに」と一章を、物理学者である細谷暁夫氏は二章から五章を、物理学の哲学を専門とする白井仁人氏は五章を、読んでくださり、それぞれ、非常に有益なコメントをくださった。ここに記して感謝の意を示したい。彼らの懇切な指摘により、誤った記述やわかりにくい記述などはかなり改善されたが、それでもなお残る誤りや読みにくさなどは当然のことながら筆者の責任である。

時間という謎

目次

第3章　相対性理論と時間　65

第7章　内在的時間方向について　141

第8章　時間のはじまりについて　171

時間という謎

第1章

時間の経過について

1 序論

本章は、本書全体の序章的な役割をもつ。まず、本節において時間についてのさまざまなモデルを導入する。二節では、時間が経過するとはどういうことについての議論を行う。つづいて三節では、時間経過が実在するという立場（本書ではこの立場全体を「動的時間論」もしくは「動的時間モデル」とよぼう。なおこれをA-理論と呼ぶ場合もある）[1]にたいして指摘されている「時間経過の割合に関する問題 the rate of passage argument」を考察する。この問題は、どの動的時間モデルをとっても解決はされるが、現在主義の解決法がもっとも自然であることを議論し、最後の四節では、そのほかの、動的時間モデルにたいする既存の批判とそれにたいする回答（およびありえる回答）を概観する。結論としては、動的モデルへの既存の批判は（不満は残るものの）回避可能である。

動的時間論には、その存在論的な立場により三つのモデルがあるので、それについて簡単に説明しておこう。まず、現在にあるモノの存在は認めるが過去や未来にあるモノの存在を認めない立場を「現在主義」という。[2] 次に、現在と過去にあるモノの存在は認めるが未来にあるモノの存在を認めない立場を「成長ブロック宇宙説」という。[3] 最後に、過去・現在・未来すべてにあるモノの存在を認める立場を「動くスポットライト説」という（図1・1）。これらのモデルそれぞれについてはあとでまたくわしく論じる。なお、のちに述べるように論理的には静的な現在主義や成長ブロック宇宙説もありえるのだが、[4] そのような立場を擁護する研究者は（おそらく）いないので、すべての現在主義者と成長ブロック宇宙説論者は動的時間論の立場に立っていると仮定する。言い換えると、一般には静的な時間モデルの場合は、過去・現在・未来すべてにあるモノの存在を認める。動的か静的かに関係なく、過去・現在・未来すべてにあるモノの存在を認める存在論的モデルを「永久主義」という。積極的に擁護する論者は少ないが、未来と現在の実在を認め過去の実在を認めないという立場もありうる（縮小ブロック宇宙説）。これを支持する論者によると、縮小ブロック宇宙説も成長ブロック宇宙説と同様に直観的であるという。[5] なぜなら、私たちはしばしば「(未来の) 時間がない」「あと五分しか残っていない」のように「未来が侵食される」というイメージをもつからだ。しかし本書ではとりあえず代表的な上記三つの時間モデルに焦点を絞る。

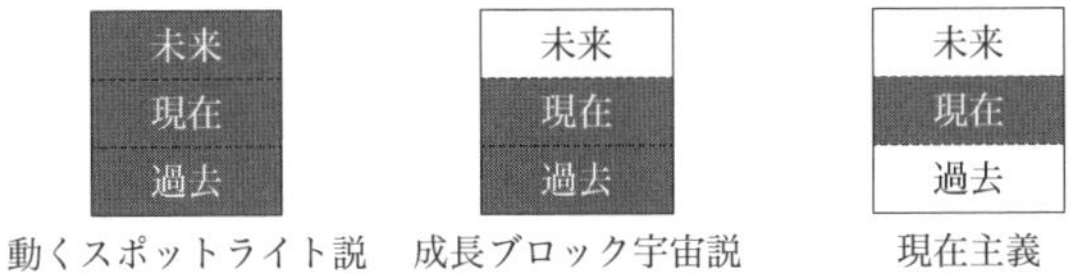

図1・1　動くスポットライト説・成長ブロック宇宙説・現在主義

なお、ここで注意しておきたいが、現在主義はなにも「かつてソクラテスが存在**した**」ということを否定するわけではない。「ソクラテスが存在**する**」ということを否定するのである。それにたいして、「いや、現在主義者ではなくても、現在においてソクラテスが存在するということは否定するだろう」という疑問があるかもしれない。そして、それはその通りであるが、さきほど述べた現在主義の「現在にあるモノのみが存在する」というときの「存在する」は現在形であるが、現在について語っているのではない。この辺りの議論はかなり難しいのだが、[6]イメージとしては（本章の議論にも関連するが）成長ブロック宇宙説や永久主義は時間次元の実在を認めるが、現在主義は認めないと考えるとよいだろう。もう少しいうと、成長ブロック宇宙説や永久主義は「時空間（ブロック宇宙）」を認めるが、現在主義では具体的な四次元ブロック宇宙は認めないのである。たとえば、「四次元ブロック宇宙が存在する」といういいかたは「存在する」という語の通常の使用法に照らしてなにもおかしくはない。そうすると、四次元時空には過去も含まれているわけだから、成長ブロック宇宙説や永久主義では「ソクラテスが存在する」といっても、それは現在においてソクラテスが存在するといっているとは限らないのである。ところが、現在主義の場合は、現在にあるものしか存在しないのだから、現在主義においては「ソクラテスが存在する」とはいわない。

2　時間が経過するとはどういうことか[7]

まず、そもそも「時間が客観的に経過する」（もしくは「時間経過が実在する」）とはどのような意味なのだろうか。ダウは「私は時間の『A-理論』を、過去・現在・未来のあいだになんらかの形而上学的に深い重要な差異があるとする立場とみなす」と述べる。[8]しかし今度は「過去・現在・未来のあいだに形而上学的に重要な差異がある」とはどういう意味なのだろうか。ここで、「現在」に二つの意味がありうることを述べておこう。すなわち、「指標的現在」と「絶対的現在」である。指標的現在とは、「ここ」や「あそこ」が発話者と相対的な地点であるのと同様に、発話者に相対的な時点のことである。[9]それにたいして、絶対的現在（以下では〈現在〉と表記する——ただし、絶対的現在について語っていることがあきらかなときはただたんに現在と表記する）とは、発話者に相対的ではない時点のことであり、客観的で特別な時点のことである。「特別な」がどういう意味かはすぐあとで検討する。

すでに述べたように、現在主義では、現在にあるモノだけが存在するのであった。それゆえ、現在主義にとって「現在」が客観的で特別な〈現在〉であることは容易に理解できるだろう。また、成長ブロック宇宙説の場合、過去と現在にあるモノのみ存在するのだから、ブロック宇宙の「端」が現在であり、これも客観的で特別な〈現在〉であるといえる（図1・2a）。動くスポットライト説は、もともとは、成長ブロック宇宙説の支持者であるブロードによって、それと対立するモデルとして定式化された。[10] それによると、現在と同様に存在している過去や未来が存在していて、その四次元ブロック宇宙の上を、あたかもスポットライトの当たっている部分が動いて行くように、〈現在〉が（時間軸に沿って）移動していくというものである（図1・2b）。これを「古いタイプの動くスポットライト説」と以下では呼ぶが、この古いタイプの動くスポットライト説では、一見して現在がどのように特権的な〈現在〉となりうるのかがわかりにくい。なぜなら〈現在〉がどの時点にあるかが世界のありかたに関わらないからだ。しかし近年提唱されている新しいタイプの動くスポットライト説では、その辺りが明確化されている。[11] すなわち、新しいタイプの動くスポットライト説では、〈現在〉に存在するモノのみ、そのモノのいわば本質的な性質をもっているのである。たとえば、人間の場合なら、〈現在〉に存在するときのみ意識をもつので、〈現在〉は特権的な時点なのである。新しいタイプの動くスポットライト説についてはまたあとで言及する。

さて、以上のようにして、〈現在〉とはどのような時点であるかがあきらかになった。だが、それだけではまだ「時間が経過するとはどういうことか」はあきらかになっていない。なぜなら、〈現在〉の存在は時間の経過を含意していないからだ。[12] もし〈現在〉が動かないならば、それは

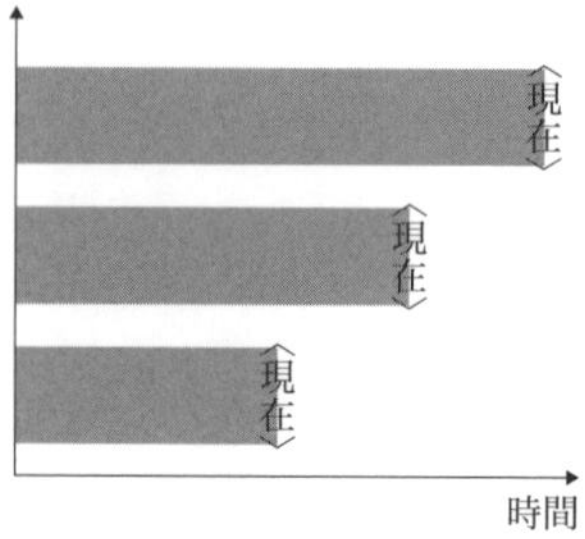

図1・2a　成長ブロック宇宙説

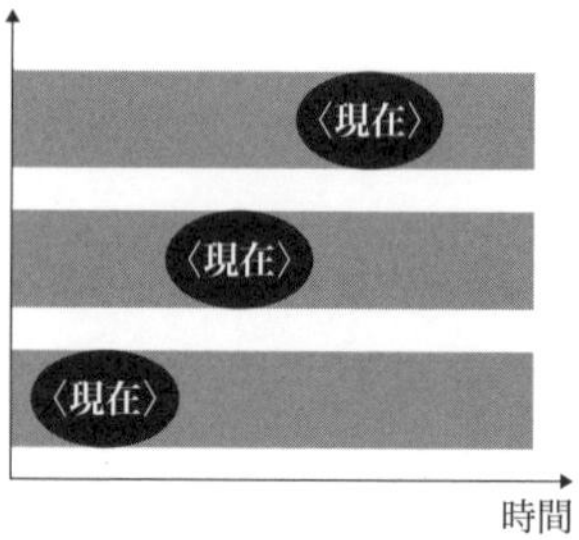

図1・2b　動くスポットライト説

時間が経過したとはいえない。たとえば、私は五秒前にパソコンの前に座って原稿を書いていて、そのときに「現在である」という感覚があった記憶があるが、しかし五秒前が〈現在〉であったことはなく、今この現時点のみが〈現在〉であるということは、どの存在論的立場にたっても、論理的には可能である。それゆえ、「時間が経過する」とは、比喩的な表現ではあるが、〈現在〉が動いていくということである。[13]この点についてもう少し具体的に述べておこう。

すでに述べたように、動くスポットライト説のイメージは〈新旧いずれでも〉、〈現在〉が時間軸上に並んだ出来事の系列の上を動いていくイメージであり、まさに文字どおりに時間が「経過するpass」というイメージである（図1・2b）。また、成長ブロック宇宙説も〈現在〉が時間軸上を動いていくという意味では同様に文字どおりに「時間が経過する」というイメージを再現しているモデルだ（図1・2a）。それゆえ、これらはどちらも時間次元の実在を前提としている。一方、現在主義はかならずしも時間次元の実在を前提としない（それゆえ、前段落最後の文で述べた比喩は使えない)。したがって、現在主義については「時間が経過する」とはどういう意味かについて別の考察が必要である。候補のひとつは、「時間が経過するということはモノの物理的性質が変化すること」だというものである。つまり文字どおりの意味では時間は経過していない。しかし、このような立場をとると「物理変化を伴わない時間経過(空虚な時間)」が不可能であるように思える。じっさい、タラントはそのような立場をとっているようであるが、現在主義者が必ずしも空虚な時間を認めない――もしくは空虚な時間があるならば現在主義はまちがっているという議論を認めるわけではない。ただし、正直なところそういった議論(たとえばマーコジアンの純粋な時間経過の概念)は理解するのが難しい。

いずれにせよ、〈現在〉を認める時間モデルでは「時間が経過する」とはどういう意味かが適切に記述できるように思える。一方で、〈現在〉を認めないモデルでは「時間が経過する」とはどういう意味かを適切に記述することが難しいように思える。いま、あなたが本章を読みはじめてからこの文章を読むまでに三分かかったとしよう。つまり、あなたが本章を読み始めてからこの文章を読むまで三分が「経過した」のである。いま、議論をわかりやすくするために、個物は四次元体として存在しているという「四次元主義」と呼ばれる立場で考えてみよう。すると、さきほどの、「あなたが本章を読み始めてからこの文章を読むまで三分が経過した」とは、四次元体であるあなたの三次元的部分のうち「本章を読みはじめた」部分と「この文章を読んでいる」部分の時間軸上の距離が三分であるということである(図1・3)。そして、これら二つの部分

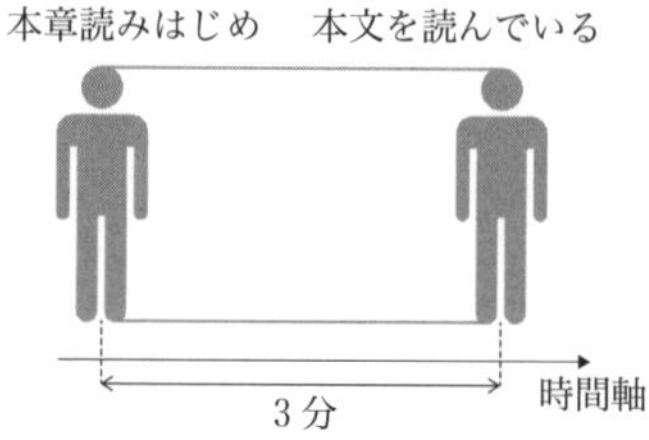

図1・3　各瞬間のあなたは四次元的存在としてのあなたの時間的部分に過ぎない

は同じ四次元体に属する**別々の**時間的部分である。ここで〈現在〉を認める立場（つまり、動くスポットライト説）であれば、すでに述べたように、〈現在〉が文字どおり動けばそれが「時間が経過する」という意味であるが、〈現在〉を認めない立場であれば、ただ、時間次元にも広がった個物が存在するだけで、なにも「経過」していない。このように、〈現在〉を認めない時間モデルでは「時間が経過する」とはどういう意味であるかを適切に記述することができないので、〈現在〉が存在しないならば時間は経過しないといってよいだろう。[14]それゆえ、「時間が経過する」ならば〈現在〉は存在するのである。

　以上の準備をしたうえで、次節では動的時間論の抱える「時間経過の割合に関する問題 the rate of passage argument」ついて考察しよう。

3　時間の過ぎ去る速さ

3．1　時間経過の割合に関するいくつかの議論

動的時間論には「時間がどれだけの速さで経過するかという問いに答えられない」というスマートによって提出された難点がある。[15] 前節で検討した動くスポットライト説での「時間が経過する」という意味は「時間軸上を〈現在〉が過去から未来へと移動していく」ということであった。このとき、時間次元を空間次元と同様にみなしており、〈現在〉が文字どおり時間上を移動しているのである。すると、空間上をモノが移動すればそれには速さがともなうように、空間次元と同様にみなされている時間軸上を〈現在〉が文字どおりに移動したならば、それには速さがともなうはずである。成長ブロック宇宙説でも同じようにいえるだろう。それゆえ、次のような議論が成り立つ。[16]

時間経過の割合に関する第一の議論

(1)　もし時間が経過するならば、通常の時間の経過の割合を測定するための第二の時間次元が存在する。

(2)　もし通常の時間の経過をそれによって測定する第二の時間次元が存在するならば、その第二の時間も経過する。

(3) もし第二の時間が経過するならば、第二の時間の経過の割合を測定するための第三の時間次元が存在する。それゆえ、第三の時間の経過の割合を測定するための第四の時間次元も存在する……。

(4) 第二の時間の経過の割合を測定するための第三の時間次元があるというのは事実ではない。それゆえ、第三の時間の経過の割合を測定するための第四の時間次元が存在するというのも事実ではない……。

(5) 時間は経過しない。

さきの（図1・2a、b）でも横軸は通常の時間軸になっているが、縦軸は第二の時間軸になっている。この時間経過の割合に関する第一の議論 the first rate of passage argument: FRPAは、マーコジアンによってより一般的な議論に再定式化された（時間経過の割合に関する第二の議論 the second rate of passage argument: SRPA）。

時間経過の割合に関する第二の議論

(1) 「時間が経過する time passes」という主張が有意味ならば、「時間はどれくらいの速さで経過するのか」という問いも有意味である。

(2) 「時間はどれくらいの速さで経過するのか」という問いが有意味であるならば、その問いには一貫した回答があるはずである。

(3) この問いには一貫した回答がない。

(4) それゆえ、「時間が経過する」という主張は無意味である。

この議論において、まず、SRPAの(3)が論争点となるだろう。たとえば、動的時間論の立場からは「時間はどれくらいの割合で経過するのか」という問いにたいして、「一秒ごとに一秒の時間が経過する（前の一秒と後の一秒は同じ次元の時間）」という回答は有意味な回答であるという議論がありえる。ところが、それにたいしてオルソンは、一秒を一秒で割るとただの数字の「1」であってこれはなんの割合にもなっていないという。[17] この回答について、少しくわしくみていこう。フィリップスはこの議論にたいして「一秒ごとに一秒の時間が経過する」という回答を擁護する。（フィリップスによると）オルソンは、割合（比率 ratio）を分数と混同している。たしかに、n/n＝1（n≠0）であるが、n：mは、ある量のそれとは別の量にたいする関係であり、それゆえたとえn＝mであってもただの1ではない。したがって、「一秒ごとに一秒の時間が経過する」とは、時間の単位時間にたいする比率、つまり時間のふたつの量の関係なのである。たとえば、1cm×1cmの青いタイルを、別の1cm×1cmの青いタイルで交換するという作業を考えると、タイルの交換の割合は「ひとつの1cm×1cmの青いタイルごとにひとつの1cm×1cmの青いタイル」になるが、これは有意味である。

この反論は有効だろうか。タラントによるとそうではない。[18] フィリップス自身が述べたように、割合とは「ある量のそれとは別の量にたいする関係」である。じっさい、青いタイルのたとえでは、1cm×1cmの青いタイルを、（同じ種類ではあっても）**別の**1cm×1cmの青いタイルで交換しているからこそ「ひとつの1cm×1cmの青いタイルごとにひとつの1cm×1cmの青いタイルで交換する」は有意味なのである。「一秒ごとに一秒が経過する」に相当する正確なたとえは、「1cm×1cmの青いタイルごとにそれと**同じ**1cm×1cmの青いタイルで交換する」というものであるが、これは無意味である。

だが、時間経過の割合に関する議論にたいするほかの回答の仕方として、「かならずしも時間を測定の基準として考えなくてもよい」という考えかたはありえるだろう（つまり、FRPAの(1)およびSRPAの(3)を否定）。[19] たとえば、「時間は、時計の長針が一周するごとに一時間の割合で経過する」という答えは意味がある答えのように思える。[20] だが、オルソンはこのタイプの回答にたいしても批判する。結局のところ、時計の長針が一周すると一時間なのはなぜかというと、一時間で時計の長針が一周するからである。それゆえ、この回答は自明であり、なんの情報ももたない無意味な回答である。[21]

一方でSRPAの(1)とFRPAの(1)を否定するタイプの議論もある。[22] 本節の冒頭で述べたように、成長ブロック宇宙説や動くスポットライト説は時間次元の実在を前提とし、「時間が経過する」とは文字どおり時間軸上を〈現在〉が経過するというイメージであった。ところが、現在主義は、〈現在〉しか実在しないのでそのようなイメージはとれない。そこで、これもすでに述べたように、現在主義では時間経過と物理的変化が同一視されることがある（マーコジアンはかならずしもこの立場ではない）[23]。それゆえ、タラントがいうように、現在主義では文字どおりには時間は経過しない。「時間が経過する割合はどれだけか」という問いは「時間が経過する」という現象を文字どおりにとることから生じる問いであり、文字どおりの時間経過を認めないならばこの問いに答える必要がなく、それが現在主義の立場といえよう[24]。

3.2　現在主義以外の動的時間論は時間経過の割合に関する問題を避けられるか

以上の議論は有効であるように思えるが、しかし、現在主義にしか適用できない議論である。前節で述べたように、成長ブロック宇宙説や動くスポットライト説は文字どおりの意味で「時間の経過」を前提としている。これらの動的時間論は時間経過の割合に関する議論を回避できないのだろうか。二つの回答がありえる。だが、以下で議論するように、これらはどちらもほかの理論を併用しなければならないという意味でコストがある（これらの理論はそのままの形では時間経過の割合に関する議論を回避できない）。

さて、まず第一の回答についてみていこう。すでに述べたように、成長ブロック宇宙説や動くスポットライト説では、〈現在〉が時間軸に沿って移動しているという意味で文字どおり「時間が経過している」といってよいだろう。そうすると、「時間はどれくらいの速さで経過するのか」という問いは有意味であるように思える。すなわち、

(1) 成長ブロック宇宙説（動くスポットライト説）が真であるならば、〈現在〉は時間軸上を動いている。
(2) もしなにかが時間軸上を動くならば、その速さを測定するための第二の時間次元がある。
(3) それゆえ、成長ブロック宇宙説（動くスポットライト説）は第二の時間次元を要求する。

という議論が成り立つ。しかし、ここからさらに第三の時間次元も要求されることになるのだろうか（つまり、FRPAの(3)は正しいのだろうか）。私たちが「時間が経過する」というためには、第一の（通常の）時間軸上でのみ〈現在〉が移動すればよいだけで、第二の時間軸上でなにかが運動する必要はないのではないか。それゆえ、第三の時間次元を導入する必要はないのではないだろうか（つまり、第二の時間については静的時間論の立場をとる）。したがって、

(4) 第二の時間軸上ではなにも動いていないので、第二の時間次元より高次の時間次元を導入する必要はない。

(5) それゆえ、「どれくらいの速さで時間が経過するのか」という問いには「時間（〈現在〉）は第二の時間次元一秒ごとに第一の時間次元一秒の割合で経過している」という有意味な回答がある。

(6) したがって、動的時間論には矛盾はない。

といえる。たとえば成長ブロック宇宙説だと（図1・2b）のような状況になっている。ここで、FRPAならば縦軸である第二の時間次元に沿っても〈現在〉が移動しているので第三の次元が必要であるが、第二の時間は経過していないと考えればよいのではないかということである。しかし、これを認めると結局は第一の時間についても経過しているといえなくなるだろう。なぜなら、この議論を受け入れるならば、縦に並ぶ各四次元ブロック宇宙は（第二の時間次元を含めた）五次元体の四次元的部分であるということになり、たとえば二〇一九年が〈現在〉（二〇一九年が四次元宇宙の先端）である四次元宇宙と二〇二〇年が〈現在〉である四次元宇宙は別の部分であり、同じ四次元ブロック宇宙が「成長」した（〈現在〉である時点が二〇一九年から二〇二〇年に移動した）わけではないからだ。したがって、この第一の回答は受け容れがたい。

そこで第二の回答をみていこう。第一の回答がFRPAの(2)およびSRPAの(3)を否定したのにたいして、第二の回答ではFRPAの(1)を否定し、SRPAの(3)を否定する（SRPAの(1)は肯定する）。どういうことだろうか。現在主義の考えかたによると、たとえ空間上をなにかが運動していても、時間次元を導入する必要がなかった。同様に、たしかに、成長ブロック宇宙説も動くスポットライト説も時間軸上を〈現在〉が移動する以上、通常の時間次元の実在性は認めざるをえないが、だからといって〈現在〉が動く速さの測定のために第二の時間次元を導入する必要はないのである。つまり、現在主義において、三次元空間の存在物が時間経過とともに現れて消え去る（この生成消滅変化が時間経過そのもの）ように、第二の時間における〈現在〉（これを※〈現在〉と表記する）にある四次元ブ

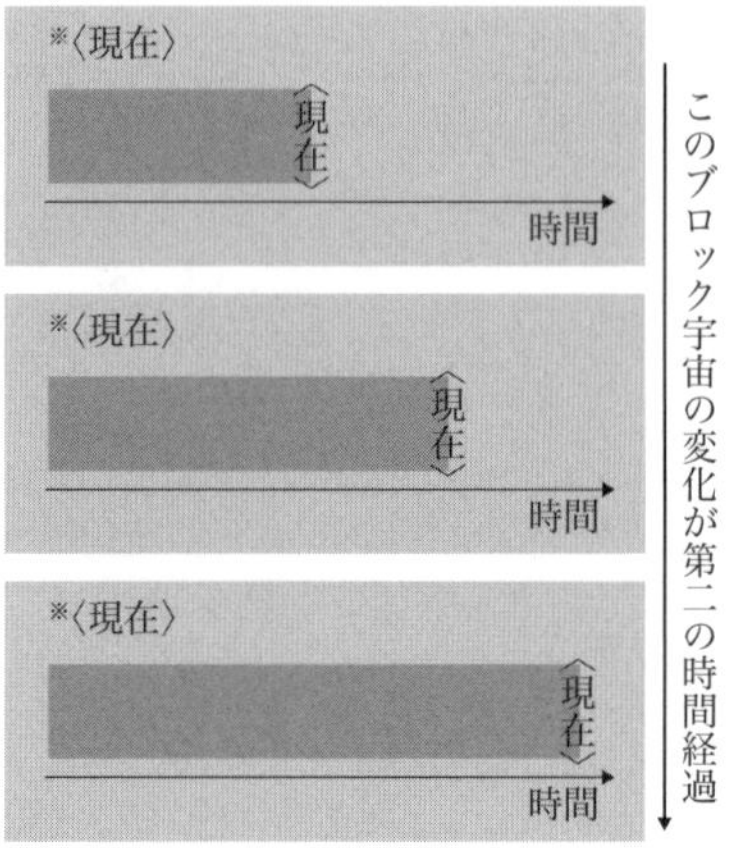

図1・4　第二の時間の経過

ロック宇宙が（第二の）時間経過とともに変化するのである。もしくは四次元ブロック宇宙が変化することを「第二の時間が経過する」というのである（図1・4）。

この第二の回答は、第一の回答よりは受け容れ易いであろう。だが、この第二の回答も純粋な成長ブロック宇宙説（動くスポットライト説）ではない。すなわち、第二の時間については現在主義を適用している。そういう意味ではアド・ホックな回答であるともいえるだろう。それゆえ、自然な仕方でRPAを回避できる動的時間論のモデルは現在主義のみであるといえる。

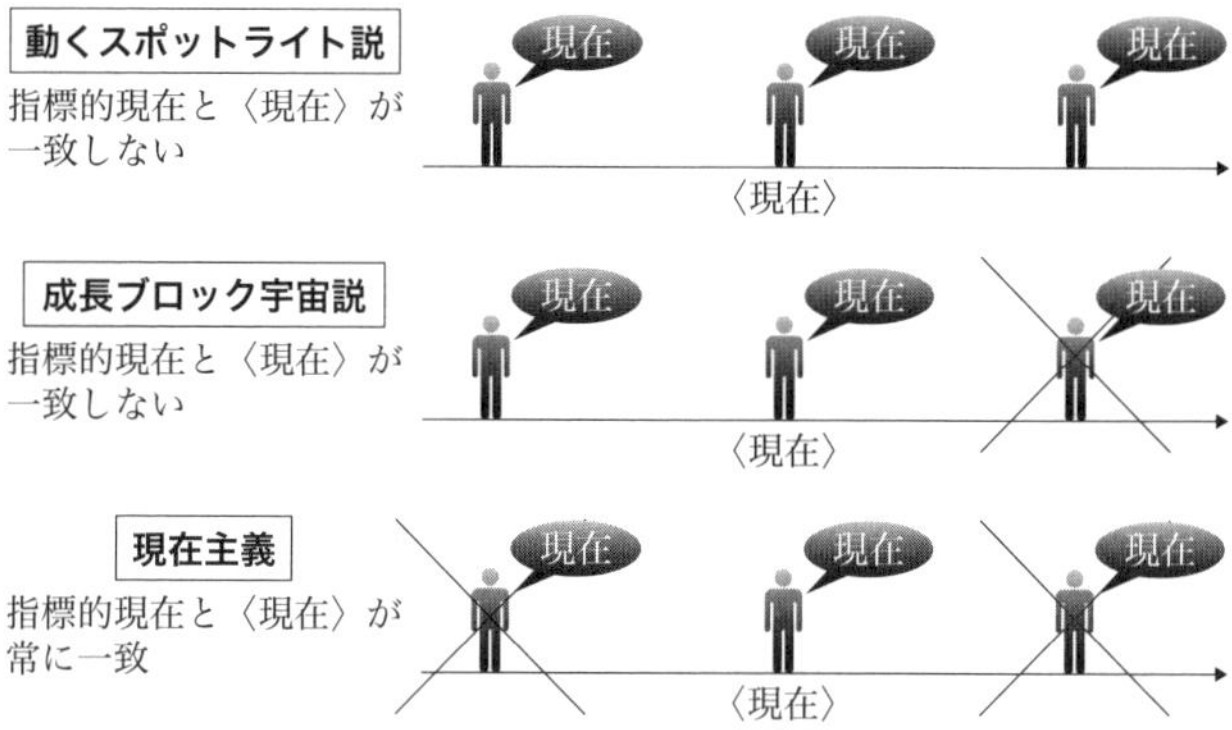

図1・5　指標的現在と〈現在〉の一致

4　現在主義にたいする批判

以上のように、現在主義は動くスポットライト説や成長ブロック宇宙説と異なり、メタ時間に言及せずに時間経過を語ることができる点で優れている。また、動くスポットライト説や成長ブロック宇宙説では指標的現在と絶対的現在が一致しないという問題があるが、現在主義はこの問題もない[25]。すなわち、(図1・5)に示すように、動くスポットライト説や成長ブロック宇宙説では、たとえ自分が「この瞬間が現在だ」と思っていても、その瞬間は〈現在〉ではない可能性がある——というよりも、むしろその可能性の方が高い(〈現在〉よりもほかの瞬間の方が圧倒的に多いため)。ところが、現在主義の場合は〈現在〉にあるモノしか存在しないのだから、「この瞬間が現在だ」と思っている私は〈現在〉にしか存在しないのであり、それゆえ、その瞬間は〈現在〉なのである。動的時間論の魅力が直観的な点にあることを考えると、「この瞬間が現在だ」という私たちの直観を反映している現在主義のほうがより魅力的だということになる。

だが一方で、過去に関する真理の問題や複数の時点にまたがる関係について語れないなどの、動くスポットライト説や成長ブロック宇宙説にない問題もある。まずは過去に関する真理の問題について説明しよう。真理メーカー理論という分析形而上学において力をもっている理論がある。この理論は、(一見)非常に直観に合う理論で、ある命題が真であるためにはそれを真にする実在(真理メーカー)がなければならないという。たとえば、「和歌山のアドベンチャーワールドにはパンダがいる」という命題は、じっさいに和歌山のアドベンチャーワールドにパンダがいることによって真なのである。じっさい、この主張は非常に直観的だろう。さて、この真理メーカー理論は、真である命題すべてに適応されるべきだとしよう。すると、現在主義では過去にあるものは存在しないのだから、過去に関する真理の真理メーカーが存在しないことになる。たとえば、「かつて恐竜が存在した」という命題が真であるためには、恐竜が存在していなければならないが、現在主義では過去の恐竜は存在していないので、「かつて恐竜が存在した」という命題を真にする真理メーカーがないことになる。

これにたいして、現在主義者たちは、代用主義やルクレティウス主義などといわれる理論を提案してきた。[26] 代用主義は、抽象的な時空を考えて、その時空の過去の時点に真理メーカーが存在すると考える理論である。つまり、成長ブロック宇宙説や動くスポットライト説のように、具体的な四次元時空は存在しないが、抽象的な四次元時空は存在するというのである（抽象的時空を具体的時空の「代用」とするわけである）。したがって、恐竜は、現在に存在する抽象的な時空内の過去の時点に存在するということになる。また、ルクレティウス主義は、たとえば「オバマ元大統領の髪は真っ黒だった」という過去の性質は、オバマ元大統領が現在もっている過去時制の性質であると主張することによってこの問題を解決する。[27] もちろんこの例だと、現在において存在しないものについての真理を語れないが、「世界が過去時制の性質を現在においてもっている」ということによってこの問題を避けることができる。世界は、「かつて恐竜がいた」という性質を、世界の過去時制の性質として現在もっているのである。だが、私にはこれらの解決法はいずれもやはりアド・ホックなもののように思える。ここで「アド・ホックな解決法」というのは、ある特定の問題の解決のためのみに考案された解決法であり、なんらそれ以外（ある特定の問題を解決する以外）のメリットをもたないもののことをいう。だが、ここではその点についてはとりあえず措いておいて、近年、ライニンガーが提示した問題について最後にみておこう。[28]

ライニンガーによると、変化を語るためには継続する二つの時点における存在者の性質の違いを比べることができなくてはならない。しかし、現在主義においては現在にあるものしか存在しないのだから、存在するものと存在しないものを比較しなければならず、そしてそれは不可能である。ここで、さきの代用主義やルクレティウス主義が役に立つかもしれない。もし役に立つならば、私のさきほどの批判（これらは特定の問題を解くのにしか役に立たないアド・ホックな理論である）はあたらないだろう。だが、ライニンガーによると、これらはこの問題を解くのには役に立たない。すなわち、現在主義は「現在にあるもののみが存在する」という主張であるが、これにくわえて時間の経過を語るためには、二節でも指摘したように「現在にあるモノが変化する」という主張も認めなくてはならない。だが、現在主義の道具立てでは、この二つ目の主張が成り立たない可能性を否定することができない、というのがライニンガーの主張である。

もし代用主義やルクレティウス主義を認めても、そうした代用時空や過去の性質はあくまで「現在において」もたれているものに過ぎない。それゆえ、そうした性質をもっていたという過去は、じっさいには存在しなかったかもしれず、世界はこの現在の瞬間に創られ、そこからなにも変化していない可能性が排除できない。もちろん、これにたいして、そのような代用時空や過去の性質が現在においてあるのはじっさいに過去においてそうであったからだ（それゆえ、こうした代用時空や過去の性質は、もし過去が存在しなかったならば現在において存在しないはずである）と現在主義者たちは反論するかもしれない。言い換えると、現在の世界が、過去の世界がもっていた性質を正確に反映した性質を現在においてもっているのは厳然たる事実 brute fact、つまりそれ以上説明のできない事実なのである。だが、ライニンガーによると、もしそれを受け容れると、そのことは奇跡であるという。たとえば、現在において*E*という出来事が生じたとしよう。すると、（ルクレティウス主義によると）その五分後の現在において世界は「五分前に*E*という出来事が起きた」という性質をもっている。そしてこのとき*F*という出来事が起きたとしよう。そうすると、さらにその五分後の現在では、世界は「十分前にEが起き五分前にFが起きた」という性質をもっている。これら各時点の三次元世界どうしには（その各時点においてそれぞれそれだけしか存在していないのだから）なんの関連もない。それなのにどうしていま述べたようなことが可能になるのだろうか？　これをたんに厳然たる事実であると説明を放棄することは許されないだろう。

代用主義やルクレティウス主義と異なり、（現在主義者である）タラントは、過去の真理には真理メーカーはないと主張する。[29] 言い換えると、過去についての命題は現在における真理メーカーを必要とせず真理となることができる。しかし、もちろん、過去が存在していなかったならば過去の真理は真理ではない。したがって、現在以外の時点が存在していたということがいえ、「恐竜がいた。そして現在は恐竜はいない」という形で変化を述べることができる。だが問題は、過去の真理に真理メーカーが不要だという議論の整合性である。もし、現在の真理については現在の真理メーカーによって真理であることを認めるならば、恐竜がいた時点が現在であったときは「恐竜がいる」は「恐竜がいる」という事実によって真理となることも認めるだろう。言い換えると、「恐竜がいる」が真であるのは、それが現在であったときに真理メーカーをもっていたからである。それゆえ、「恐竜がいた」が真であるためには『恐竜がいる』は真理メーカーをもっていた」が真でなければならない。だが、これは過去の真理であるので、真理メーカーをもっていない。それゆえ、この命題が真であることを主張しようとすると、「『「恐竜がいる」が真理メーカーをもっていた』は真理メーカーをもっていた」が真でなければならない。というように、無限後退を生じるのである。だが、バイアによると、無限後退自体は問題ではない。なぜなら、現在の真理についての真理メーカーにも同様の問題があるからだ。[30] 問題は、「恐竜がいた」という命題が真であると主張することは、それによって「恐竜がいた」が真になるような過去時制命題の無限後退があると主張することであり、そしてこの無限後退は、現在のみが存在する世界においても生じることが可能であるということである（それゆえ、過去の時点が存在したことを認める必要はない）。

結局のところ、現在主義者の時間モデルでは、「時間は経過しておらず、過去が存在していたこともないし、未来が存在するであろうこともない」としても矛盾がないということが、ライニンガーが指摘している問題点である。この問題に対処するためには、因果の概念に訴えればよいだろう。「現在の世界がこのようにあるのは、過去がこのようであったからだ。だから、現在の世界がこのようにあるためには過去があったのでなければならない」という仕方でライニンガーの問題は解けそうである。これにたいしてライニンガーは、因果概念も複数の時点にまたがる関係であるから、現在主義では使うことができないと主張するが、単称主義 singularism であれば問題ないだろう。ここで（因果概念分析における）単称主義とは、因果概念は原因と結果の二項関係によって分析されるべきものではないという立場である。単称主義的な因果の理論には、因果的力能の理論がある。[31] この理論によると、モノや行為には因果的力能が備わっており、これによって後続する時刻における変化を生み出すことができる。現在の状態は過去の状態によって引き起こされたものであり、（単称主義なので）現在しか存在しなくてもよい。しかし、現在の状態の原因となる過去の状態は存在したのでなければならない。また、因果的力能の理論によると、因果概念は原始概念であり、ほかの概念に還元することはできない。[32]

最後に、二節でも少し言及したように、近年は、新しいタイプの動くスポットライト説が議論されるようになってきているので、それについて少しだけ触れておこう。このモデルの特徴は、過去にあるものや未来にあるものも存在するのではあるが、古いタイプの動くスポットライト説と異なり、時間を通じてモノはその同一性を保っている。たとえばいまXという個物に注目したとき、これは現在（〈現在〉）あり、過去にもあるが、過去にあるXはいわばXの抜け殻のようなものであり、その本質的な性質は時間の経過とともに移動し、それは〈現在〉にのみあるのである。それゆえ、成長ブロック宇宙説（もちろん、成長ブロック宇宙説にもこの新しいタイプの動くスポットライト説の考えかたを容易に輸入できる）や古い動くスポットライト説ではモノは正確な意味では変化していなかったが、新しいタイプの動くスポットライト説ではモノは異なる時点では異なる性質をもつので変化をする。このモデルでは、従来、成長ブロック宇宙説や動くスポットライト説になされてきた批判――もしくは現在主義がこれらのモデルより優れているとされていた点――を回避することできる。すなわち、本節冒頭で触れた、指標的現在と絶対的現在が一致しないという問題である。新しいタイプの動くスポットライト説では、たとえば、〈現在〉にいる私だけが意識をもっている（この事実が「私」の同一性を保証する）ので、私が「今が現在だ」と思っているということは、じっさいに今が〈現在〉であるということなのである。このように、新しいタイプの動くスポットライト説は、現在主義にはないが動くスポットライト説にはあると考えられていた問題点をクリアすることができ、なおかつ、本節で議論してきたような、動くスポットライト説にはないが現在主義にはあると考えられている問題点（過去についての真理の問題）もそのまま回避可能なのである。

だが私見では、このようなモデルはたんに動的な時間モデルの問題点を回避するためだけのアド・ホックなモデルのようにしか思えない。なぜなら、このモデルの導入で動的時間モデルの既存の問題には対応できるかもしれないが、しかし「知られていた問題を解く」ということ以外のメリットがないように思えるからだ。また、たとえば〈現在〉にある意識的存在者のみが意識をもつならば、過去の私は、物理的身体をもちながら意識をもたないということになる。つまり、物質と心は異なる二つの実体であるという「心身二元論」にコミットしており、しかも心が物体に因果的に影響を及ぼすという「心身因果」にもコミットしている。しかし、このような帰結は現時点では主流を占める心の哲学における（とくに心身因果を認めない）物理主義に逆らうものであるから、この点についてもなんらかの説明が必要になる。このような問題を措いておいても、新しいタイプの成長ブロック宇宙説や動くスポットライト説では、たとえば「シーザーはルビコン川を渡った」の真理メーカーが存在したとしても、「シーザーはルビコン川を渡っていることを意識している」という命題の真理メーカーは存在しないことになるので、結局は現在主義と同じ問題をもつことになる。[33]

しかし本章は、冒頭で述べたように、本書全体の序論的な役割であり、先行研究を概観することが目的であるに過ぎない。したがって、本章で挙げた、動的時間論への批判、および動的時間論側からの反論の成否も本書の興味の範疇ではない。次章以降での準備を経て、第六章および七章で、本章で挙げた問題点が解決可能であるとしても、それでもなお、動的モデルには問題点が存在することを議論する。

5　まとめ

本章では、「時間が経過する」とはどういうことかについて考察した。そして時間が経過するためには、形而上学的に特別な現在である絶対的現在が必要であることを議論した。さらに、どの時間モデルをとるかで「時間が経過する」の意味が異なることもみてきた。すなわち、成長ブロック宇宙説ではブロック宇宙が成長することであり、動くスポットライト説では〈現在〉が時間次元上を文字どおりに移動することであり、現在主義では〈現在〉におけるモノの性質が変化することであった。それゆえ、成長ブロック宇宙説と動くスポットライト説では〈現在〉が文字どおりに移動するので、時間経過を記述するためには第二の時間が必要である。しかし、第二の時間は存在しても第二の時間次元は存在せず、いわば第二の時間における〈現在〉において四次元ブロックが変化すると考えれば第三の時間、第四の時間を導入する必要はないということを論じた。だが、この解決法はアド・ホックであるし、現在主義を部分的に導入するものであるので、これら三つの時間モデルのなかではメタ時間導入の問題についてはもっとも自然に解決できる。

だが一方で、現在主義は現在以外の時点が存在することを認めないことによる（ほかのモデルでは生じない）問題が存在することもみた。すなわち、現在主義では変化を記述することができないという問題である。ただ、この問題も因果的力能の理論を導入することで解決可能であることを論じた。それゆえ、本章では、アド・ホックな部分はあるとはいえ、これまで提案されてきた現在主義にたいする問題は解けない問題ではないことをみてきた。また、近年議論されている新しいタイプの動くスポットライト説も、現在主義では避けることができるがほかの動的時間モデルでは避けることができないとされてきた問題点を避けることが示されたこともみた。しかし、本書の七章および八章では、現在主義も含めた動的時間モデルには、従来提案されてきた問題以外の問題があることをみる。七章では、動的時間論における内在的な時間方向と、私たちが経験する時間方向が一致することが保証されていないという問題を論じ、八章では、動的時間論をとるならば、時間にはじまりがあるはずであることを論じる。

註

（1）マクタガートは、その古典的論文（McTagaart 1908）において、時間系列には二種類あると主張した。すなわち、出来事が未来から現在を経て過去へと連なるような時間系列であるA‐系列と、時間の系列を出来事の前後関係で表現するB‐系列である。以来、分析哲学における時間論はこの区別を踏襲し、時間経過が実在するという立場をA‐理論、実在しない立場をB‐理論と呼ぶことが多いが、本書ではその用語法は用いない。なぜなら、マクタガートのいうB‐系列にはすでに時間の内在的な方向性が含まれているからである（また、A‐系列も、その後提案されたさまざまな動的時間論のヴァリエーションが仮定する時間系列とはかならずしも一致しない）。のちの章で議論するように、私は時間に内在的な方向性があるという立場をとらない。この立場が仮定する時間系列は、マクタガートの用語でいうとC‐系列に近い。すなわちC‐系列とは、出来事が、順列はあるが方向がないような並びかたをしているような系列である。すなわちC‐系列では、Q‐W‐E‐R‐T‐Yという並びとW‐Q‐T‐Y‐E‐Rという並びは順列が異なるので異なるが、Q‐W‐E‐R‐T‐Yという並びとY‐T‐R‐E‐W‐Qという並びは方向は違うが順列は同じなので区別はない。このC‐系列にA‐系列がくわわることによりB‐系列ができあがるとマクタガートは述べる。

（2）現在主義をどのように定式化するかは現在主義者のあいだでも問題になっている。たとえば、「現在にあるモノだけが存在する only present things exist」というのがもっとも標準的な定式化であるが（Hinchliff 1996, p. 123; Crisp 2004, p. 15; Markosian 2004, pp. 47–8）、この「存在する」をどのように解釈するかという問題がある。これを「現在において存在する」という意味（時制的）に解釈すると自明であり、なにもいっていないに等しい。すなわち、成長ブロック宇宙説や永久主義もこの主張は認めるはずである。この問題を解くために、成長ブロック宇宙説、永久主義、現在主義の区別を「存在しはじめたり存在しおえたりする存在者を認めるか否か」という点に見るのが、Deasy（2017）による定式化で、その定式化では、現在主義は「存在しはじめたり存在しおえたりする存在者がある」となる。また、永久主義は「存在しはじめたり存在しおえたりする存在者はいない」、成長ブロック宇宙説は「存在しはじめる存在者はあるが、存在しおえる存在者はいない」となる。そのほか、Tallant (2014) や Sakon (2015) などは「現在に存在することを存在するという」というような定式化をしている。

（3）支持者としては、Broad (1923) や Tooley (1997)。また、最近では Forbes (2015) が、成長ブロック宇宙説や動くスポットライト説がもつという指標的現在と絶対的現在の不一致の問題（本文四節で説明）について回避可能であるという議論をし、擁護している。Forrest (2004) も類似の回避法を提示している。これらの回避法は、本文で後述する動くスポットライト説の提示するこの問題の回避法と本質的には同じであるといってよいだろう。

（4）「成長」ブロック宇宙説といいながら、静的というのには違和感があるという場合は、要するに現在と過去のみが存在するが静的なモデルと考えてもらえればよい。

（5）Casati and Torrengo (2011). Norton (2015) によると、成長ブロック説か縮小ブロック説かは、「実在する」をどういう意味にとるかということだという。

（6）註（2）をみよ。そこでも述べているように、現在主義をどのように定式化するのかは、現在主義者どうしでも論争になっており、そのときに「存在する」という言葉の使いかたも問題になる。だが、のちの章を読み進めていただければわかるように、本書ではその辺りの細かな議論は影響しない。とくに現在主義を擁護する論者たちは、本章での解説に不十分さを感じて不満を感じるかもしれないが、導入のためにはなんらかの立場をとりあえずとらなければならず、かつ議論の焦点がそこにはないのですべての立場を網羅することもできないのでその点は了承して欲しい。

（7）本節での議論は、森田 (2017) の議論に沿っている。

（8）Dowe (2009), p. 642. ほかには、メリックスは「現在主義は〔…〕過去・現在・未来のあいだの差異は形而上学的であり、主観的なものではないと述べる」といい（Merricks 2006, p. 103）、オルソンは「動的時間論を定義するいくつかの方法がある。〔…そのひとつは〕時間もしくは出来事を過去・現在・未来にわける絶対的な区別がある〔とするものである〕」という（Olson 2009, p. 3）。またツィマーマンは「A論者であることは、現在であるもの、過去であるもの、未来であるもののあいだになんらかの客観的な差異があると信じることである」と述べている（Zimmerman 2008, p. 212）。

（9）Bourne (2002), pp. 359–60.

（10）Broad（1923）, p. 59.

（11）Sullivan (2012); Deasy（2015）; Cameron（2015）など。それぞれの論者によって、その詳細は異なる。その辺りは、Sullivan（2016）でよく整理されている。

（12）Price（2011, p. 277）; Miller (2013, p. 346); Leininger（2015, p. 726）.

（13）この、イメージがしやすい「〈現在〉が動いていく」という比喩は諸刃の剣であり、本章で中心的に議論する「時間が経過する速さはどれだけか」という問いを生み出すことになる（Smart 1949; Olson 2009）。なお、このあとに議論するように、タラント（Tallent 2010）は、現在主義では〈現在〉が動いているという考えかたはしない、それゆえ文字どおりには時間は経過しないと主張する。

（14）もちろん、これは「言葉の問題」で、「経過する」という言葉を適当に定義してやれば四次元主義的静的時間モデルでも時間が経過することになるかもしれない。しかし、それならば、次節の時間経過の割合についての議論も意味のないものになってしまうだろう。ここでは、「経過する」という言葉にたいする私たちの直観的な理解が重要なのであって、〈現在〉を認める動的時間モデルでは、直観的な理解に合った「経過」という概念の定式化ができるが、静的時間モデルでは難しいということである。じっさい、ここでの議論を読んで、四次元主義的静的モデルが正しいなら、時間は経過していないということに同意してくれる読者は（アンケートを取ったわけではないからわからないが）多いはずで、そうだとすると、やはり私たちが「時間が経過する」という言葉でイメージしている時間モデルがあるということである。

(15) Smart (1949).

(16) 以下の定式化は Markosian (1993) による。

(17) Olson (2009).

(18) Tallant (2010).

(19) Markosian (1993).

(20) じっさい、私たちは「一秒間」を「セシウム百三十三の原子の基底状態の二つの超微細準位の間の遷移に対応する放射の周期の九十一億九千二百六十三万千七百七十倍に等しい時間」(平成四年政令第三百五十七号計量単位令より) と定めている。

(21) そもそも、この第二の (そして無限の) 時間次元を必要とするという議論は、割合だとか速さだとかをどのように解釈しようとも成長ブロック宇宙説や動くスポットライト説では逃れることができない議論のように思える。というのも、時間が経過するということは、いま〈現在〉であるような時点が〈現在〉でなくなるということであるが、それは (第二の時間次元を導入しない限り) その時点は〈現在〉でありかつ〈現在〉ではないということになるからだ。すなわち、根はマクタガートのパラドクスと同じである。

(22) Tallant (2010) や Sakon (2016) など。

(23) Prior (1962).

(24) くり返すが、現在主義にもさまざまな立場がある。

(25) Bourne (2002); Merricks (2006); Branddon-Mitchell (2004).

(26) 代用主義については Bourne (2006), Crisp (2007). ルクレティウス主義については Bigelow (1996) など。

（27）これをルクレティウス主義というのは、提唱者のビゲロウがルクレティウスに言及しているからである。たとえばルクレティウスは『物の本質について』（四四九―四八二頁）において、過去の出来事は、それを引き起こした当人たちはすでにいないのだから、それ自体として独立して存在するものだと認めないようにせねばならないと述べている。

（28）Leininger (2015).

（29）Tallant (2009).

（30）Baia (2012).「現在のアメリカ大統領はトランプである」が真であるためには『現在のアメリカ大統領はトランプである』は真理メーカーをもっている」が真でなければならないが、この命題が真であるためには…。

（31）因果的力能の議論については、Mumford and Anjum (2011) など。

（32）なお、佐金は、「変化」を原始概念として捉えるアイデアを提案している（The 1st International Conference of Philosophy of Time、2019年11月2日、大阪市立大学）。たしかに、それによってほかの時点に言及せずに変化を語ることができるかもしれないが、さきに述べたように、ライニンガーの批判の核心は、時間経過がいっさいない可能性を、現在主義も含めた動的時間モデルが否定できないという点にある。それゆえ、ほかの時点に言及せずに変化を原始概念として捉えることが可能であったとしても、依然、「変化は存在しないかもしれない」という可能性を否定できないのである。だが、因果概念を原始概念として捉えると、因果概念は変化を生み出すものなのだから、変化の存在は必然である。

（33）Miller (2018).

第2章

量子力学と時間

1 序論

本章では、量子力学とその哲学について、ほぼ数式は用いず、あくまで本書での議論に必要な範囲内で簡潔で直観的な解説をする。二節では、量子力学的な世界観と、量子力学で用いられるいくつかの概念を解説する。[1] 三節ではアインシュタインがプリンストン高等研究所の同僚とともに、量子力学の不完全性を示すために書いた論文に登場した思考実験について解説する。四節ではいくつかの量子力学の解釈について概観し、五節では、非局所性についてのアインシュタインの考えかたを述べる。すなわち、アインシュタインによると、非局所性を認めることは物理学が成立しないことを認めることだという。

2　量子力学

量子力学の大きな特徴はその非決定論的世界観である。非決定論とは、「どれだけ正確に現在の状態がわかったとしても、原理的に未来の状態を確率1で予測することができない」ということである。さて、量子力学の基礎方程式をシュレーディンガー方程式という。この方程式を解いて、系の状態を記述する関数（波動関数）を求める。たとえば、ある状況下で電子の位置を変数とする波動関数を、シュレーディンガー方程式を解いて求めたとしよう。すると、一般にはこの波動関数は各位置で連続的にさまざまな値をとる。いま、ある時刻 t におけるある地点 A の波動関数の絶対値の自乗が0.5であったとしよう。このことの意味は、時刻 t でこの電子の位置測定をしたときに A で電子が観測される確率が0.5であるということである。[2]「時刻 t、値 x におけるある物理量 P の波動関数の絶対値の自乗」が「時刻 t で P の測定をしたときにその測定値が x である確率」を示している、という規則を「ボルンの規則」という。いま、

［C］　波動関数が系の物理状態を完全に記述していて、なおかつ測定時以外の波動関数の時間発展はシュレーディンガー方程式で完全に記述できる（系を完全に記述するのに必要な、知られていない変数――隠れた変数――はない）

とするならば、未来は開いているということになる。ここで「未来が開いている」とは、たんに未来の状態が原理的に予測できないというだけではなく、じっさいに未来の状態が現在においては確定していない、ということである。もし私たちの世界では未来が開いているならば、動的時間論にとって有利になることは確かである。確定していなかった未来が現在になることによって確定するのだから（ただしすべての物理量が現在の時点で確定するわけではないし、逆に確定していた物理量が不確定になることもある――いずれにせよ、そのような変化は未来である時点が〈現在〉になることによって生じる）、現在という時点は特別な意味をもつ、すなわち〈現在〉であるということになる。しかし、未来が原理的に予測できなくても未来の状態が確定していることもあるのではないだろうか？　次のような例を考えてみよう。

　0から9のいずれかの数字を確率$\frac{1}{10}$で完全にランダムに生成することができるコンピュータがあるとする（じっさいはそのようなコンピュータは存在しえないが、議論のためにあると仮定する）。いま、そのコンピュータが十個の数字を生成して、それを紙に一列に書き出したとする。私はそれを左から順に読みはじめ、五個目まで読んだとしよう。このとき私には次の六番目の数字を予測することは原理的にできない（完全にランダムに生成された数列だから）。わかるのは、0から9のいずれかの数字が確率$\frac{1}{10}$で現れるということだけである。しかしそのこと（原理的に六番目の数字が予言できないこと）は六番目の数字が確定していないということを意味しない。じっさい、

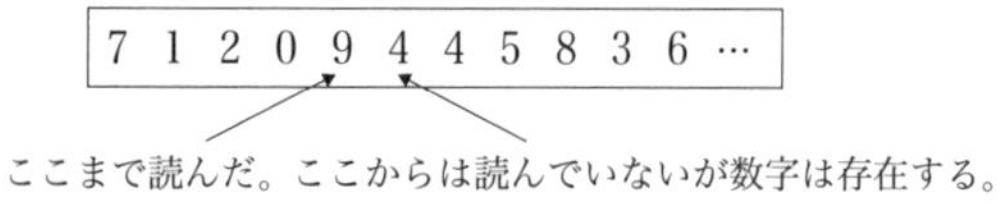
7 1 2 0 9 4 4 5 8 3 6 …
ここまで読んだ。ここからは読んでいないが数字は存在する。

図2・1　原理的に予測できないが存在する

仮定より、六番目の数字はすでに確定していて五番目の数字の右側に存在している（図2・1）。同様にして、「未来の状態を原理的に予測できないが、しかし未来の状態は確定している」という状況は想定可能である。これを「認識論的非決定論」と呼ぼう。それにたいして、未来の状態が原理的に予測できず、未来の状態が確定もしていないことを「存在論的非決定論」もしくは「未来が開いている」と呼ぶことにする。

すでに述べたように、［C］が成り立っているならば未来は開いている。なぜなら、tにおける波動関数によると電子の位置はただひとつの明確な値をもたないのだから、［C］より、未来であるときのtにおいて、この電子はじっさいに明確なただひとつの位置をもっていないからだ（それが「波動関数が系の**物理状態**を完全に記述している」という意味である）。しかし、tが現在となり、電子の位置を測定してみると、どこか一点にその位置が定まるはずである。つまり、量子力学では原理的に未来を予測できず、なおかつ測定前のtにおける（tが未来であった時点での）波動関数から、t（未来）での電子の位置はあらかじめ決定していないことになるので、（認識論的非決定論ではなく）未来は開いている。また、tで測定すると電子の位置がただひとつに定まるが、測定前までは位置はただひとつの明確な値をもたなかったのだから、系の物理状態を完全に記述しているはずの波動

関数は t において瞬間的に不連続に変化する。これを「波動関数の収縮（もしくは崩壊）」という。
しかし、シュレーディンガー方程式で記述される波動関数の変化は連続的であるはずなので（シュレーディンガー方程式は時間に関する「微分方程式」というものなのだが、その場合、時間変化は連続的にならなければならない）、不連続な波動関数の収縮過程はシュレーディンガー方程式では記述できない。言い換えれば、波動関数の時間発展にはシュレーディンガー方程式以外の原理があるということになる。そのシュレーディンガー方程式以外の原理を「射影公準」という。だが考えてみれば、これは奇妙なことである。波動関数が系の物理状態の完全な記述になっているならば波動関数の時間発展は物理過程なわけであるが、これが基本方程式であるシュレーディンガー方程式に従わない仕方で変化するというのはどういうことだろうか。もう少しいうと、**いったいなにが波動関数の収縮を引き起こしているのだろうか。**もしこれが系と測定機器との相互作用という物理過程であるとしたならば、なぜ、そのような純粋に物理的な相互作用が特殊な（シュレーディンガー方程式に従わない）現象を引き起こすのだろうか。つまり、「測定していないときの系の時間発展となにが物理的に異なるのか」という疑問が生じる。[3] もちろん、系の時間発展がシュレーディンガー方程式に従うのは系が閉じているときであって、測定という行為は系の外から行うので測定をしているときは系が閉じていない。だがそれだけが原因ならば、測定機器および測定者まで含めた系の時間発展はシュレーディンガー方程式で記述できるのだろうか。そうだとすると、量子力学は決定論的であるということになるだろう。だが、通常はそうは考えない

（そう考える立場もある——後述）。

ならばふたたび「なにが波動関数の収縮を引き起こしているのか」という問いが生じる。測定機器と測定される系が相互作用し、測定機器の目盛りがある値を示し、目盛盤で反射した実験室内の光源からの光が測定者の目に届き、網膜に達して視神経を通り脳で化学反応を起こす。しかし、ここまでの過程すべてにおいて、ほかの物理過程と区別すべき特別なことはなにもないように思える。[4] それゆえ、これらの物理過程（波動関数の時間発展）のどこでシュレーディンガー方程式に従わない特殊な現象が生じるのかは不明である。もし、それでも「波動関数の収縮過程は物理過程だ」というのならば、それは量子力学では記述できない物理過程が存在することを認めることになり、したがって、量子力学は完全な理論ではない（ここでの「完全な理論」とは、「隠れた変数がない」ということである）。したがって、波動関数の収縮はなんらかの物理的な要因によって生じるのではなく、物理過程の外にある心的な要因によって引き起こされたとするのが自然な考えかたであろう（もし物理過程であるならば、ほかの物理過程とこのような物理過程を区別する根拠がないのだから、シュレーディンガー方程式に従わなければならない）。ただし、波動関数の収縮がもし、意識的な存在者が介在しないときであってもランダムに引き起こされる現象であるならば、そもそも波動関数の収縮の「原因」などというものはないと考えることもできよう（じっさいにこのような立場に立つ理論もある）。だが、測定という意識的存在者が介在する場合にのみ引き起こされるのならば、測定過程のなかの（ほかの物理過程と物理的には区別のつかない）純粋な物理過程において収縮が起こるのではなく、心的な過程（すくなくとも非物理的な過程）が介在する瞬間に生じるのだと考えるしかないのではないかと思われる。ただし、現時点ではこのような心身二元論を前提とする考えかたはほとんど受け容れられておらず、なんらかの仕方で心身二元論を回避する考えかたが主流である。これについては本章の後半で論じよう。

ところで、特定の条件下では正確に物理量の測定値を予測することが可能な場合もある。いま、ある物理量Qの波動関数を考えていて、その波動関数が「固有関数」というものになっているならば、Qの測定値は確率1で予測できる。このときの系の状態を「固有状態」といい、その値は「固有値」と呼ばれる。つまり、波動関数の収縮とは、固有関数ではない波動関数が固有関数へと不連続に変化することであり、そのときの固有値は測定値になっているということだ。さて、ふたたび電子の位置の波動関数を考えよう。この波動関数が固有関数であるならば、いま述べたように、その固有値が位置の測定値となる。ところが、量子力学によると、このとき電子の運動量に関する波動関数が固有関数になることはない。つまり、位置と運動量の波動関数が同時に固有関数にならないのである。これを「不確定性関係」という。また、ある物理量のペアの波動関数が同時に固有関数にならないことを「非可換である」という（つまり、非可換な物理量どうしには不確定性関係が成り立つ）。位置と運動量以外の代表的な非可換な物理量のペアには、互いに直交する軸のスピンがある。スピンとは量子力学に特有の物理量で、電子の場合は＋1/2か－1/2の2つの値しかもたない。[5] スピンには「軸」があり、直交する軸のスピンどうしは非可換になって

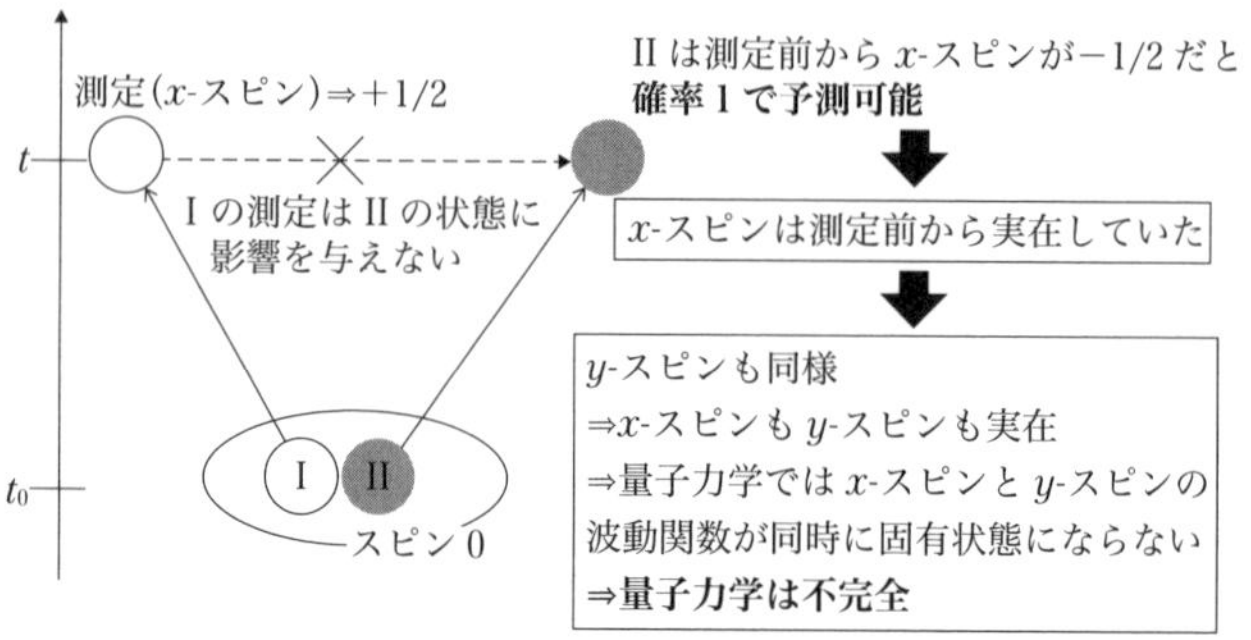

図2・2　EPRの思考実験

いる。たとえば、x軸とy軸が直交しているとすると、x軸スピン（以下、x-スピンと表記）とy軸スピン（以下、y-スピンと表記）の測定値を同時に確率1で予測することができない。

3　EPRの思考実験

ところで、アインシュタインは、量子力学的な非決定論的世界観を嫌って、量子力学の不完全性を示すための思考実験をいくつか考案したのだが、そのなかでも重要なものがEPRの思考実験と呼ばれるものである[6]（図2・2）。EPRはアインシュタインと、この思考実験を公表した論文の共著者であるポドルスキーとローゼンの頭文字である。じっさいの論文（以下、EPR論文）は位置と運動量を用いて議論されているが、以下ではわかりやすさを優先してスピンを使って説明する。[7]

いま、二つの電子IとIIがあって、相互作用している。これら二つの電子を合わせたスピンの値は0だとわかっているとする。時刻t_0でこれら二つの電子は互いに空間的に離れはじめる。互いに十分に空間的に離れた時刻tにおいて電子Iのx-スピンを測定すると値が+1/2ならば保存則より電子IIのx-スピンは−1/2だし、−1/2なら+1/2になるはずである。つまり、電子IIのx-スピンは測定前から確率1で予測できる。ここでもし、x-スピンではなくy-スピンを測定したとしても同様で、電子IIのy-スピンは電子IIを直接に測定しなくても予測できる。

ここでのポイントは、電子Iの、たとえばx-スピンの測定は電子IIのx-スピンになんの影響も及ぼさないはずだということである。それゆえ、電子IIのx-スピンの測定値が正確に予測できるということは、(その前後で系に大きな変化がなかったはずだから)電子IIのx-スピンは測定前から明確なひとつの値をもっていたということだ(注8をみよ)。そして、電子Iのx-スピンを測定するかx-スピンを測定するかは、電子IとIIが離れてから決定してもよい。どちらを選択してもどちらの測定値も確率1で予測できるのだから、これらを同時に予測することができなくても、電子IIのx-スピンもy-スピンもどちらもが測定前から明確な値をもっていたはずだ。

このことをシュレーディンガーは巧みな比喩で説明している。[9] いま太郎に、ふたつの異なるタイプの問題XとYの二問からなる試験を課したとしよう。どちらがさきに出題されるかはランダムである。そして、太郎は、どちらがさきに出題されても、さきに出題された問題は完全に解くことができる。しかし、その問題を解くことで疲弊して、次に出た問題を解くことができない。

だが、何度同じ試験をやっても、そしてどちらのタイプの問題がさきに出ても、さきに出たほうはかならず完全に解ける。そうであるならば、どちらも同時に解くことができないとしても、太郎はどちらの問題をも解く能力があると判断してよいだろう。同様に、x-スピンとy-スピンのどちらも予測できるのだから、これらを同時に確率1で予測できないとしても、これらは測定前から確定した値をもっていたといってよいはずだ。以下では、物理量Qが測定前からただひとつの明確な値をもっているということを「Qは実在する」ということにしよう[10]。

x-スピンとy-スピンは非可換なのだから、量子力学によるとこれらの波動関数が同時に固有関数になることはない。そして、EPR論文によると、理論が完全であるためには、実在の要素と対応する要素（いまの場合、固有関数）がその理論のうちになければならない（そして、この理論の完全性要件は自然であろう）[11]。それゆえ、量子力学が完全であるならばx-スピンとy-スピンは同時に実在することはない。しかし、いまみたように、EPR実験によれば、x-スピンとy-スピンのどちらも実在するはずである（系を乱さずに確率1でスピンの値を予測できるから――これをEPRは実在の十分条件とみなした）。それゆえ、量子力学は完全ではないとEPRは主張するのである。

以上がEPRの思考実験と、EPR実験を使ってアインシュタインたちが示そうとしたことである。だが、「電子Iの測定が電子IIになんの影響も及ぼさない」ことは自明ではない。現在の理解では、一度相互作用した系は（外力が働くまで）分離できない（分離不可能性）ので、電子I

の測定は瞬時に電子IIに影響を与える。それゆえ、電子IIは電子Iの測定前には実在していなかったのだが、電子Iの測定によって実在するようになったと考えることができる。このように、空間的に離れた系の物理量の値どうしが媒介なしに相関することを「非局所相関」という。[12]非局所相関を認めると隠れた変数を認める必要はない（だが、前述のように、波動関数の収縮は量子力学の完全性にとって問題を生じる）。もちろん、アインシュタインもこのことには気づいていて、非局所相関を「奇妙な遠隔作用」といって嫌った。

この論文が出版されると、量子力学の父と呼ばれたニールス・ボーアはすぐに反論をした。[13]そして、この問題はなんとなくアインシュタインが敗北したかのような形で収束してしばらく表舞台に出てこなかったが、一九六四年、アイルランドの物理学者ジョン・スチュアート・ベルは、隠れた変数があるとすると成り立つはずの不等式を考案した[14]（ベルの不等式）。この不等式は何度かの実験的検証を経て、破れている、つまり隠れた変数は**ない**ということが示され、じっさいにEPRの議論が成り立たないことが説得的に示された。

とはいえ、隠れた変数にもいくつかのヴァージョンがあり、ベルの不等式が破れていることによってその存在が否定された隠れた変数は、非局所相関を前提としない隠れた変数で「局所的な隠れた変数」といわれる。つまり、非局所相関を前提とした局所的ではない隠れた変数がある可能性はまだ残されているし、また、局所的な隠れた変数でも、ベルの不等式によってそのすべてが否定されたわけではないとする議論もある。たとえば、ベルの不等式では、x－スピンやy－スピンすべてに共通する隠れた変数があるという仮定であったが、スピンごとに異なる隠れた変数があるかもしれない。また、どのスピンを測定するかは実験者が決定するわけだが、その実験者の意志を決定する隠れた変数があるかもしれない。したがって、量子力学が本当に完全かどうかはなお論争中であり、隠れた変数のどのヴァージョンまでがベルの不等式の破れによって否定されるかは現在でも量子力学の基礎論の研究者たちのあいだで盛んに研究されている。

最後に、「完全」という概念について少し補足しておこう。本書では「完全」を、いくつかの意味で使っている。まず、二節での「波動関数が物理状態を完全に記述する」という意味での「完全」。これは、波動関数が物理量Qの固有関数ならば、Qはその固有値をもつ、という意味である。これは逆も成り立ち、Qがあるひとつの明確な値aをもつならば、波動関数もaを固有値とするQの固有関数でなければならない。これらのどちらも成り立っていることを「**固有値-固有状態リンク**」という。ＥＰＲの提案した理論の完全性要件は、この意味での完全とほぼ近いのだが、むしろ、アインシュタインが一九四八年に発表した論文内での完全性のほうがより近いかもしれない。[15] 一方で、一般に「量子力学が完全である」という場合は、「隠れた変数」が存在しないことを指す。つまり、量子力学が、あらゆる実験事実を記述し、実験結果を（確率的であっても）予測するならば、量子力学は完全であるということになる。それゆえ、隠れた変数が存在しないという意味で量子力学が完全であっても、波動関数が物理状態を完全に記述していない可能性がある。つまり、波動関数は、物理状態を完全に記述しているのではなく、「私たちの系の物理状態についての知識の状態」を完全に記述しているだけかもしれない。たとえば、波動関数がQの固有関数でなくても、Qは確定した値をもっている場合があるかもしれない。この場合、波動関数は物理状態を完全に記述してはいないが、本当にQの値が確定しているかどうかを確かめる実験的手段が原理的に存在しないならば、Qの値が本当は確定しているのだとしても、それについての知識を私たちはもちえないいため、私たちのその系の物理状態についての知識は不確定であるということになり、隠れた変数はなく、理論としては完全であるということになる。この点については、次節でまた議論する。

4　量子力学のいくつかの解釈

さて、少し話が逸れたが、本書では、以下の四つが成立するとみなす解釈を「量子力学の標準的な解釈」と呼ぶことにする。

(1)　波動関数が系の物理状態を完全に記述している（波動関数が物理量Pの固有関数になっているならばPは明確なひとつの値をもっており、逆に固有関数でないならばPは明確なただひとつの値をもっていない）。つまり、固有値-固有状態リンクが成立している。

(2) 波動関数の時間発展はシュレーディンガー方程式によって（測定時を除き）完全に記述される。
(3) 測定によって物理量の値（測定値）はただひとつの明確な値に決まる。
(4) ボルンの規則が成り立っている。

この解釈では、ＥＰＲ実験において電子Ｉの測定によって電子IIを記述する波動関数も収縮する――つまり、非局所相関があることで量子力学の完全性を守ることができる（このとき、電子Ｉと電子IIはお互い分離できない「もつれた」状態にあるから、これを量子もつれの状態にあるという）。しかし、二節で議論したように、このままでは心身二元論を認めざるをえないかのように思える。そこで、波動関数の収縮という現象は、測定される系だけを考えるから生じる現象であって（そもそもシュレーディンガー方程式は閉じた系の時間発展しか記述しない）、測定者も含めた系では波動関数の収縮など起きないと考えればどうだろうか、すなわち(2)を

(2)′ 波動関数の時間発展はシュレーディンガー方程式によって（測定時も含めて）完全に記述される。

とすればどうだろうか。このように、測定者も含めた系全体を記述する量子力学の形式を「相対

状態形式」といい、ヒュー・エヴェレットIII世が提案したものである。[16] そうすると、たとえば電子の x-スピンを測定する過程を記述するとき、測定前は「スピンが＋1/2と－1/2が重なりあった状態で測定器は準備状態になっている状態」であるが、測定後は「スピンが＋1/2で、測定器が＋1/2を出力している状態」と「スピンが－1/2で、測定器が－1/2を出力している状態」の重ね合わせ状態になる。

これがなにを意味するのかを解釈したものに「多世界解釈」がある。これは標準解釈の⑵を⑵′に変更するとともに、⑶を否定することになる。すなわち、私たちは測定によってただひとつの測定値を得たように思っているが、それはまちがいで、じつは測定によって（測定者を含めた）世界が分岐しているのである。つまり、たとえば1/2-スピンの測定をしているとき、その測定によって＋1/2の値を得た世界（世界 A）と－1/2の値を得た世界（世界 B）に分岐しているのである。そして世界 A にいる「私」は測定によって＋1/2という測定値を得たと考え、世界 B にいる「私」は測定によって－1/2という測定値を得たと考えている。EPR実験に多世界解釈を応用すると、電子Iの測定は電子IIのスピンの値にはなんの影響も与えない。しかし、測定によって、「電子Iのスピンの値が＋1/2で電子IIは－1/2、そしてその値を観測する私」の世界と「電子Iのスピンの値が－1/2で電子IIは＋1/2、そしてその値を観測する私」の世界とにわかれるのである。だが、どの世界とどの世界にわかれるかは系の波動関数をみただけではあきらかではない。なぜなら系はいろいろな状態に分解できるからだ。これを「状態ベクトルの分解の非一意性」という。[17]

また、これは七章の議論とも関係するが、多世界解釈は時間的な非対称性を前提としているように思える。すなわち、世界の数は未来へ向かって一方的に増加する。だが、シュレーディンガー方程式は時間対称的な方程式である。ここで時間対称的な方程式とは、方程式の解として、状態Cが状態Eへ移る解があるならば、状態Eが状態Cへ移る解があるということである。

一方、上の四つの仮定のうちの(1)を否定する解釈のひとつが「軌跡解釈」だとか「ド・ブローイ－ボーム理論」などと呼ばれる解釈である[18]。量子力学的対象の運動量と位置は、一方の値を乱さずに（つまり、その後の軌跡を予測できる形で）同時に任意の精度で測定することは不可能である[19]。だが、これらを同時に正確に測定できないからといって、じっさいにその時点でその粒子の位置や運動量が実在していないとは限らない。それゆえ、軌跡解釈では、任意の時点で位置と運動量が同時に実在しているとして、それを初期条件としてその後の粒子の軌道を予測する運動方程式を導き出した。これはシュレーディンガー方程式から自然に導き出すことのできる方程式である。しかし、もしそうだとすると、位置と運動量の値の標準偏差が同時に0にならないという不確定性関係に反するように思えるし、そもそも実験的に量子力学的対象の位置と運動量は同時に任意の精度で予測できない。

しかし、すでに述べたように、実験的に確率1で予測できないからといってそれらが実在しないことにはならない（EPRの実在条件は、必要条件ではなく、十分条件である）。なぜなら、そもそも（位置と運動量は一方を乱さずに）初期条件を実験的に定めることができないのだから、実験的に予測できないのは当然なのである。私たちはあくまで統計的にしか測定値を予測できない。そしてその統計的な予測の範囲を定めるのが不確定性関係であるから、軌跡解釈は不確定性関係に反するわけではないし、なおかつ、位置と運動量が同時に実在性をもつことを認めることもできる。また、この解釈では非局所性を認めるのでベルの不等式の破れとも整合的である。これらの明確な位置と運動量をもった粒子は、先導波とよばれる波（場）に導かれて運動するのだが（二重スリット実験による干渉縞などは先導波の干渉により生じる）、この先導波は実験の設定全体などの影響を受けて非局所的に変化する。ＥＰＲ実験の場合ならば、どのスピンを測定するのかによって実験の設定は異なるだろう。そしてたとえばx－スピンを測定するような設定であるならば、測定前から電子Ⅰのx－スピンの値も電子Ⅱのx－スピンの値も決まっている（しかしy－スピンやz－スピンの値は決まっていない）。このようなことが可能なのは、いま述べたように、先導波の形が実験の設定によって決まり、電子ⅠとⅡはこの先導波に導かれて運動するからである。そして、スピンの測定といっても、じっさいに測定されるのは電子の位置である（たとえば磁場中に電子を通して、どの方向に電子が曲げられたかによってスピンを測定する）。それゆえ、先導波が定まるということは（これから測定される軸の）スピンの値が決定されるということなのである。このように、軌跡解釈はかなりよさそうな解釈（というよりも量子力学の代替理論）であるといえる。

しかし、相対性理論との整合性については、さまざまな研究があるものの、現時点ではいまだ問題を残している。

また、軌跡解釈とは別の仕方で(1)を否定する解釈もある。すなわち、波動関数は系の物理的状態ではなく、測定者の知識状態を表していると解釈するのである。これを認識論的解釈と呼ぼう。そしてそれにたいして、標準的な解釈を含む、波動関数が系の物理的状態を表していると考える解釈を存在論的解釈と呼ぶことにする。認識論的解釈は認識論的非決定論をとっているといえる解釈である。なぜなら、私たちは(固有状態にない)ある物理量がどのような測定値をとるのか原理的に知ることができないが、しかし、その物理量は測定前から実在していると解釈することができるからである(量子力学は、理論としては完全であるが、物理的実在を完全に記述しているわけではない、ということになるだろう)。ハルヴォーソン‐クリフトンなどは、ボーアはこのような解釈をとっていたと主張し、この解釈を現代風に再定式化した。[20] また、フックスらのQBismといわれる立場も認識論的解釈であり、近年注目を浴びている。[21] ただし、QBismでは、測定していないときの実在についてはなにも語らず(そういう意味では徹底した認識論的解釈である)、その点において(ハルヴォーソン‐クリフトンらが主張する)ボーアの解釈とは異なっている。

もちろん、どの物理量もただひとつの明確な値をもっていると解釈すると、コッヘン＝シュペッカーの定理という、すべての物理量に確定値を付すことができないという定理に反する。[22] それゆえ、(ハルヴォーソン‐クリフトンらが主張する)ボーアの立場では「文脈依存的実在論」という立場をとることになるだろう(文脈依存的な実在論をとる解釈を「様相解釈」という。軌跡解釈もある意味で様相解釈である)。つまり、たとえばEPR実験を考えたとき、電子Iのx‐スピンを測定するという文脈が決まれば電子IIの x-スピンは測定前から（私たちにはその x-スピンがどの測定値をとるかは原理的に予測不可能なのであるが）明確な値をもっているとするのである（もちろん、そのときは y-スピンや z-スピンは明確な値をもてない）。ただ、そのような立場は不思議な立場ではある。つまり、いったいどのようなメカニズムでこれから測定する物理量だけ明確な値をもつのかわからないのである（どのような条件で、どの物理量が明確な値をもつかは示されているが）。なお、軌跡解釈の場合は上述のような仕方――実験設定によって先導波が変化する――でどの物理量が明確な値をもつかが決まる。

また、この解釈では、非局所性を許容するようにも思える。なぜなら、さきのEPR実験の設定で、電子Iの x-スピンを測定するという文脈が決まれば電子IIの x-スピンも実在性をもつということだが、言い換えると、文脈が決まるまでは電子IIの x-スピンは実在性をもたなかったはずである。それゆえ、実験の文脈が決まったと同時にそれまで実在性をもたなかった電子IIの x-スピンが実在性をもつのだからここには非局所性があり、しかもそれは物理的なものだといってよいだろう。これにたいして、ここまでは「物理量が実在する」という言いまわしを、「明確なひとつの値をもつ」という意味で使ってきたが、そうではなくて、文脈が決まれば電子IIの x-スピンが「測定されたらこのような値（たとえば＋1/2）が得られるだろう」という「傾向性」をもつのだ（つまり、「実在する」とは、その程度の意味しかないのだ）という反論があるかもしれない。[23] だが、その場合でもそういう性質を文脈が決まったと同時にもつわけだから物理的な非局所作用が存在しているように思える。たとえば、水溶性の物質が、空間的に離れた場所での出来事によって水溶性という性質をもつことになれば、そこには物理的な非局所的相互作用があるということである。また、かりにその点については措いておいて、それゆえ非局所相関については問題がないということにしたとしても以下のような問題点がある。すなわち、水溶性の物質が水との相互作用によって水に溶けるのと同様に、なにかしらの物理的メカニズムによって（それが測定器との相互作用なのかどうかはわからないが）測定によってその値が顕在化するということを認めなければならない。つまり、それまで現実にはもっていなかった（可能的にしかもっていなかった）値が測定の瞬間に測定値として現実のものとしてあらわれるわけであるが、それはいったいどのようにしてなのかが結局のところ謎として残されたままなのである。[24]

QBism はその点、前述のように、「測定されていない実在についてはなにも語らない」という立場に立つのでこのような問題を避けられるようにもみえるが、本当にそれで問題が解決されているのかはどのような哲学的立場に立つかに依存するだろう。たとえば、科学の目的を「現象の再現および予測ができる理論をつくること」、言い換えれば「経験的に妥当な理論をつくること」とするならば、QBism で問題ないように思える（QBism は「解釈なしの量子力学」を提唱している）。だが、科学の目的が「自然現象の理解」であるならば、QBism はその目的を放棄しているといわざるをえない。もっとも、「自然現象の理解」とはどういう意味であるのかもまた科学哲学上の問題ではある。

最後に、アハラノフらによって提案された時間対称形式、もしくは二状態ベクトル形式についても簡単に言及しておこう。[25] シュレーディンガー方程式を用いて系の状態を「予測」するとき、その状態はなにも未来の状態でなくてもよい。当然のことながら、現在の状態から過去の状態を「予測（溯言）」することも同様に可能である。それゆえ、いま t_0 の量子状態を「予測」するとき、それより以前の時刻 t_{-1} を初期状態とすることも、それ以降の時刻 t_1 を初期状態とすることも可能である。では形式的に、t_0 で系がある状態 a をとる確率を、t_{-1} の状態と t_1 の状態を用いて計算することはできないだろうか。その方法を示したのがＡＢＬ規則といわれるもので、ＡＢＬはこの規則を提案したアハラノフ、ベーグマン、レボヴィッチの頭文字をとっている。この規則は、以前か以降かのどちらか一方のみを初期状態として系の状態確率を求めるボルンの規則から導くことができる。さて、そうしたとき、いま t_1 において系が物理量 Q の固有状態 a であったならば、t_{-1} での状態がどういった状態であれ、（t_1 では測定をしているがそれ以外では）t_{-1} から t_1 のあいだで外力を加えられていないのならばＡＢＬ規則を用いると、t_0 での状態が Q の固有状態 a である確率は１となる。これをＥＰＲ実験に適用すると以下のようになる。初期状態では電子ＩとⅡはもつれあい、スピン状態も＋1/2の状態と－1/2が重ね合っている。しかし、t_1 で測定をすると電子Ｉの x-スピンの値が、たとえば、＋1/2と測定された。すると、ＡＢＬ規則によると、t_{-1} と t_1 のあいだに電子Ｉのスピンが＋1/2の状態をとる確率は１になるので、電子Ｉの x-スピンは電子Ⅱと分離した直後から明確な値をもっていることになる（図２・３）。

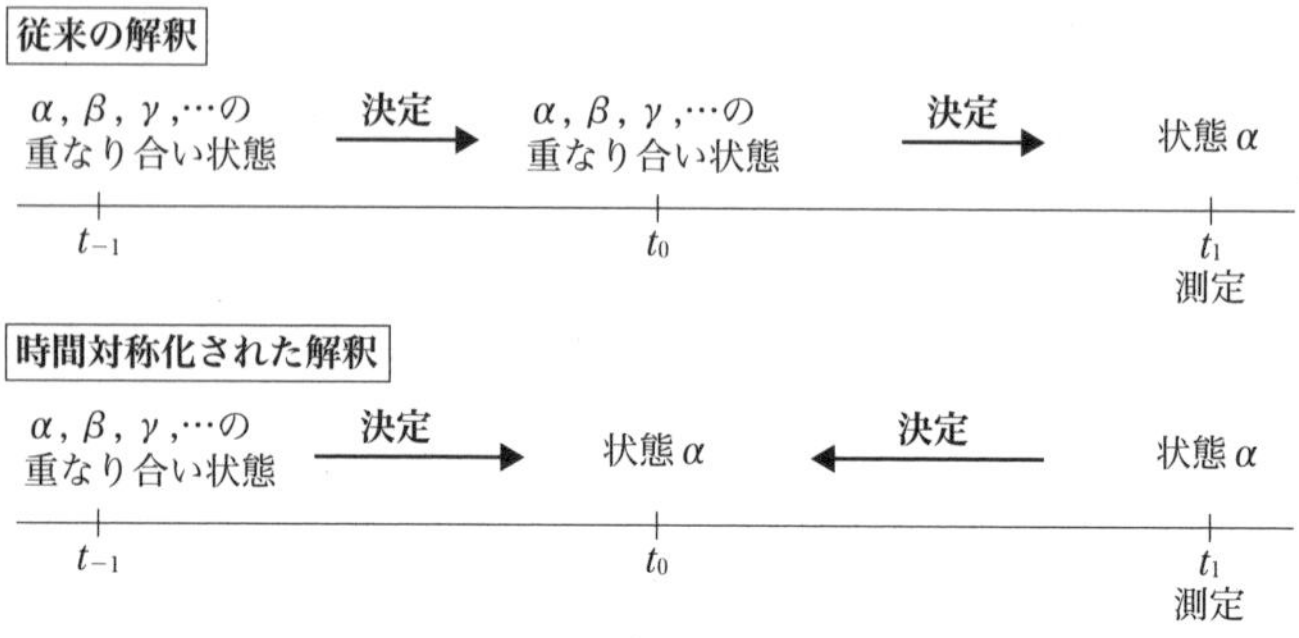

図2・3　二状態ベクトル形式を用いた解釈（時間対称化された解釈）

このような解釈（時間対称的解釈と呼ぼう）は、また六章でも言及するが、ある状態をもたらす原因はかならずしも過去にのみあるわけではないことを意味しているように思える。また、このことは同時に、動的時間論の維持が困難になることも示している。もし時間が過去から未来へ経過しているのだとしたら、どのようにして未来の出来事が過去に影響を与えうるのだろうか。かりに、六章でも議論するように、因果の向きとはほかの向きに還元可能なものだとしても、その場合は動的時間論をとるメリットがなくなるだろう（また七章で議論するが、このことは、動的時間モデルでは因果は原始概念でなければならず、しかしそうすると双方向的な因果は不可能になるということを意味している）。ただしこの解釈も、相対論的な拡張が行われていないことや、負の確率が登場するなどの問題を抱えている。

5　非局所性について

前述したように、アインシュタインは量子力学の非局所性を嫌っていた。EPR思考実験も、もとの論文では、不確定性関係を否定するような思考実験であるかのようであったが、本来は、「量子力学は、不完全であるか、非局所的であるかのいずれかである」というジレンマを提示するための思考実験であったのではないかと考えられる。というのも、言語的な制約があり（アインシュタインは英語が苦手であった）ポドルスキーがERR論文を主に書いたのだが、のちにアインシュタインは、この論文では本質的な部分が隠れてしまっていると不満を述べているからだ。じっさい、一九四八年の論文では、非局所性と量子力学の完全性が両立しないという議論を提示する。[26] つまり、EPR実験において、電子Iの x-スピンを測定したならそれによって電子IIの x-スピンの測定値が確率1で予測できるので、電子IIの x-スピンの値は確定しているはずである。そして、電子Iと電子IIのあいだに非局所相関がないかぎり、電子Iのスピン測定は電子IIの x-スピンになんの影響も与えないはずである。それゆえ、電子Iの x-スピンを測定しようがしまいが電子IIの x-スピンは確定していたはずである。ところが、量子力学によると、電子Iの x-スピン測定を測定しないかぎり、電子IIの x-スピンは確定した値をもたない（電子IIの x-スピンを記述する波動関数は固有関数にならない）。したがって、非局所相関を認めないかぎり量子力学は不完全であるというのであった。なお、四六頁で言及したようにEPRと一九四八年論文とでは完全性要件が変わっている。

前節でみたように、(ハルヴォーソン-クリフトンによると) ボーアは文脈依存的実在論によってこの問題を回避しようとしたのであった。つまり、「電子Iの x-スピンを測定しようがしまいが電子IIの x-スピンは確定していたはずである」と述べたが、電子Iの x-スピンを測定するという文脈によって電子IIの x-スピンが確定するのであった。だが、前節で議論したように、文脈依存的実在論であっても結局は非局所相関から逃れられないのであった。しかしなぜアインシュタインは非局所相関を否定するのだろうか。アインシュタインによると、非局所相関は物理学を不可能にするからである。どういうことだろうか[27]? アインシュタインは、一九四八年の論文で、

この原理〔近接作用の原理〕を否定するならば、(準) 閉鎖系という概念が不可能になり、それによって、よく知られた意味での、実験的に検証可能な法則の成立も不可能になる

と述べている[28]。なお、ここでは「近接作用の原理の否定」と「非局所相関の肯定」をイコールとみなしておいてよい。

閉鎖系というのは、因果的に閉じているような系のことである。たとえば「太陽系」は文字どおりひとつの系をなすが、太陽系の外と因果的に断絶しているのかというとそうではない。私た

ちが地球から見ることのできる星のほとんどは太陽系外の恒星であるが、恒星から発せられた光が原因となって私たちがそれをみるという結果が生じているわけだから、因果的に閉じていないのはあきらかである。[29] 厳密な意味で閉鎖系といってよいのは宇宙全体のみである。しかし、ほぼ周囲から因果的に閉じていると考えてよい系は存在し、それを「準閉鎖系」と呼ぶ。

物理法則を定式化したり、またそれを検証したりするためには、因果的に（ほぼ）閉じた系――すなわち準閉鎖系――が必要となる。なぜなら、物理法則とは、そもそも因果関係（第六章で再論するように、厳密には相関関係）を定式化したものであり、ある事象がなにが原因で生じたのかがわからなければ物理法則そのものをみいだすことができないからだ。だがもし局所性が確保されていないならば、ある系が一見、閉鎖系であるようにみえても、空間的に遠く離れた、系の外部で生じた事象が原因で、系の内部の事象が生じているのかもしれない。そうすると、（事象どうしの相関関係を調べることが不可能なので）物理法則を定式化すること自体ができなくなってしまうのである。

たとえばいま、近接する系と因果的相互作用がないかほぼ無視できる十分に大きな系Sがあるとしよう。そして、系Sの内部に生じる現象だけを観測して法則Lをたてたとしよう。しかし、もし局所性がないならば、このようにして得られたLは十分な根拠をもたない。なぜなら、いま述べように、もしかしたら近接していない遠くの系から非局所的な作用を及ぼされているかもしれず、それが考慮に入れられていないからだ。また五章でも少し触れるが、現在の宇宙論では

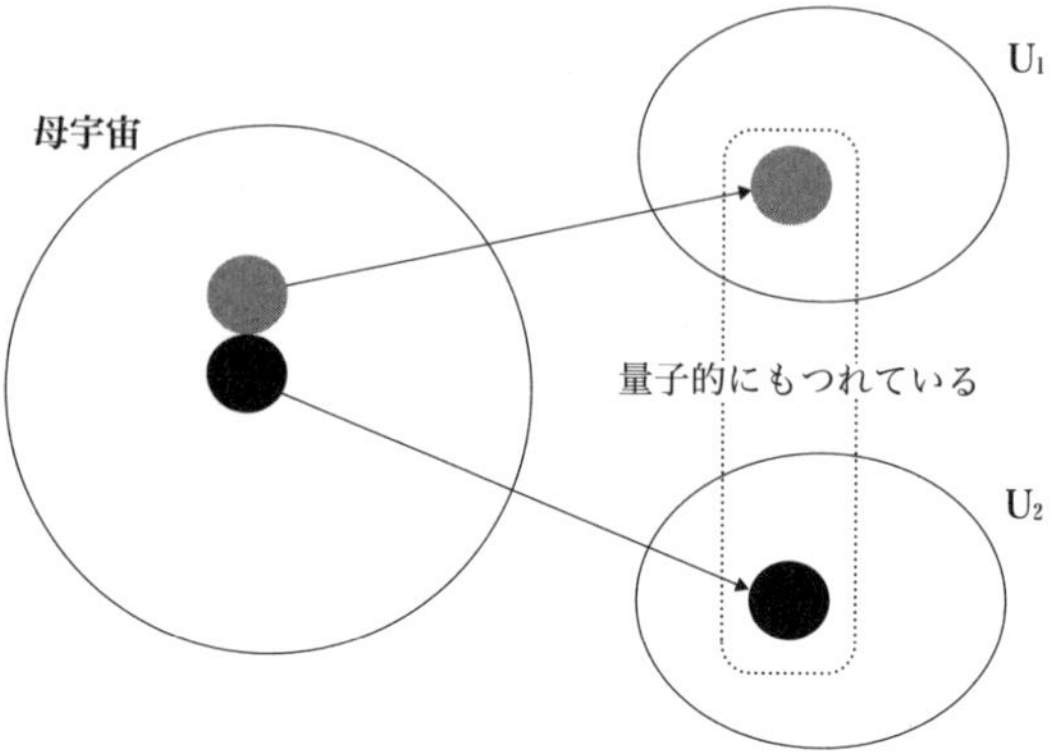

図2・4　ほかの宇宙からの影響？

「多宇宙仮説」というものがある。すなわち、私たちの宇宙のほかにも因果的に切り離された多くの宇宙が存在するという仮説である。ここで、「因果的に切り離された」と述べたが、以下のような可能性がある。すなわち、私たちの宇宙U_1と同じ「母宇宙」から生まれた宇宙U_2があるとする。そして、U_1を構成する粒子たちとU_2を構成する粒子たちが母宇宙のときに量子的にもつれていたとしよう。もしそうならば、私たちの宇宙U_1での各粒子は、量子もつれがとけるまでは、U_2の粒子から非局所的な作用を受けているということになる（図2・4）。上の仮想的な状況がかりに現実的にあったとしても、U_1での物理学にとってどれくらい深刻な影響があるのかはわからないが、非局所性を認めるということは、かりに多宇宙仮説が正しいとすると、上のような状況でなくとも、なんらかの影響を、私たちの宇宙の物理法則に及ぼす可能性はあるのではないだろうか？

第四章で、「同時の相対性」という特殊相対性理論の帰結から動的時間論を批判する議論と、それにたいする動的時間論者の非局所性を用いた反論をみるが、アインシュタインの議論が正しいとすると、物理学が可能であるためには自然界に非局所性を認めるべきではなく、それゆえ、非局所性に頼って動的時間論を擁護することも難しくなるだろう。

註

（1）量子力学の代表的な教科書に Dirac (1958), Sakurai (1994), 朝永（一九六九）などが、量子力学の哲学の代表的な教科書に Jammer (1974), Redhead (1987), Bub (1997) などがある。

（2）ここでは、簡便のためにこのような書きかたをしたが、正確には以下のようになる。ある地点 A の座標を x としたとき、空間が連続的であるとすると本当は区間幅 dx を設けなければならないし、それにともなって、その x から $x+dx$ のあいだに電子がみいだされる確率は確率密度 $P(x)$ に区間幅をかけた $P(x)\,dx$ になる。

（3）Myrvold (2016).

（4）Von Neumann (1955), Ch. VI.

（5）$\hbar$ を単位としている。

（6）Einstein et al. (1935).

（7）　Bohm (1989), pp. 611ff.

（8）　EPR論文では、物理量Qの実在の十分条件を「系を乱すことなく確率1で物理量Qの測定値を予測できるなら、Qに対応する物理的実在の要素がある」としている。これと「物理量が測定前からひとつの明確な値をもつ」ということとはかならずしもイコールではない。だが、じっさいのところ、では、「Qに対応する物理的実在の要素がある」とはどういう意味なのか、そもそも「Qが実在する」とはどういう意味なのか、はそれほどあきらかではない（もちろん、EPRはあえてこのような操作的な条件しか与えていないのであろう）。だが、系を乱すことなく確率1でQの測定値が予測できるなら、Qは測定前から明確なひとつの値（予測されている測定値と同じ値）をもっていたということは、自然な考えかたであろう。たとえば、古典力学の物理量が測定前に明確なひとつの値をもっていないとは考えないだろう。（本文でもあとで言及するが）もちろん、それでも、確率1で予測できたとしても（たとえばその値をaとしよう）、Qが測定前からaという値をもっていたとはいえない、せいぜい「Qは測定したらaという値をアウトプットする傾向性をもっている」というくらいまでしかいえない、という反論がありえるかもしれない。しかし、そうだとしても、本章全体の議論に影響を与えないということは、のちに考察する。

（9）　Schrödinger (1935), S. 827.

（10）　注（8）をみよ。

（11）　「完全」という概念については本節の最後に議論する。

（12）　「分離不可能性」や「非局所相関」のより正確な議論は拙著『アインシュタイン vs. 量子力学』（森田二〇一五）を参照のこと。

（13）　Bohr (1935). この論文が結局はなにをいっているのかを理解するのは難しく、さまざまな解釈が存在する。

（14）Bell (1964).

（15）EPR論文で提案されている完全性要件と一九四八年論文で提案されている完全性要件の違いについては、北島（2019）で丁寧に分析されている。

（16）Everett III (1957).

（17）この問題と、混合状態の非一意性の問題は別である。じつは著者は長いあいだこの点について誤解していた。以前の著書（森田二〇一五）や『量子力学の哲学』（講談社）、「多世界解釈」『量子という謎』所収（勁草書房）などでもまちがった記述をしていた。

（18）Goldstein (2017).

（19）予測に使えない形でなら、同時に任意の精度で測定することが可能である。その点については拙著『アインシュタインvs.量子力学』（森田二〇一五）を参照のこと。

（20）Halvorson and Clifton (2002).

（21）Fuchs (2010) や von Baeyer (2016) など。批判としては、たとえば Marchildon (2015) など。

（22）Kochen and Specker (1967).

（23）東克明氏との私的な議論において彼からこのような解釈の可能性を示唆された。

（24）本節のここまでの議論については、Morita (2020) もみよ。

（25）Aharonov et al. (1964).

（26）Einstein (1948).

（27）アインシュタインの哲学とかれの量子力学批判との関係は、Morita (2016) で、アインシュタインへのヒュームの影響と絡めて論じている。

（28）Einstein (1948), S. 322.

（29）なお、本書第六章では「恒星から発せられた光が〝原因〟となって、私たちがそれをみるという〝結果〟が生じている」という考えかたについて疑念を呈するが、それはいまは関係がない。

第3章

相対性理論と時間

1　序論

本章では、特殊相対性理論、一般相対性理論、および現代宇宙論について、ほぼ数式は用いず、あくまで本書での議論に必要な範囲内で、簡潔で直観的な説明をする。二節では特殊相対性理論の、三節では一般相対性理論の簡単な導入を行い、四節ではビッグバン理論およびインフレーション理論のごく簡単な解説を行う。そして、五節では、ヴィレンケンらが唱えた「無からの創世」のシナリオを概観する。

2　特殊相対性理論

「静止している物体に力をくわえなければ静止状態を保ち、運動している物体に力をくわえなければ等速直線運動を続ける」という物理法則を「慣性の法則」という。この慣性の法則が成り立つような系を慣性系というが、どのような慣性系においても物理法則が変化しないという要請を「特殊相対性原理」という。これと、真空中の光（電磁波）の速さは光源の運動状態と無関係に同じ速度であるという「光速度不変の原理」の二つの原理から構成される理論が特殊相対性理論である。[1]

一般に、波の速度は波源の運動状態にかかわらず媒質にたいして一定である。公園の池に鴨がいて、あなたはそれを眺めているとしよう。鴨が（池にたいして）静止した状態で足をばたつかせると同心円状に波が生じる。この波の速さと、鴨が移動しながら足をばたつかせることによって生じる波の速さは、あなたからみて同じである（図3・1）。それゆえ、鴨からみると、自分の進行方向に生じた波は静止していたときより遅くなり、後方に生じた波は速くなる。

相対性理論誕生当時、光は波だと認識されていたので、前述の波の性質から、光速度不変の原理は一見それほど奇妙な法則ではないように思える。だが、通常の波なら、なにが媒質かが明確なので（鴨の例なら池の水）、「波の速さがなににたいしての速さなのか」も明確であった。しか

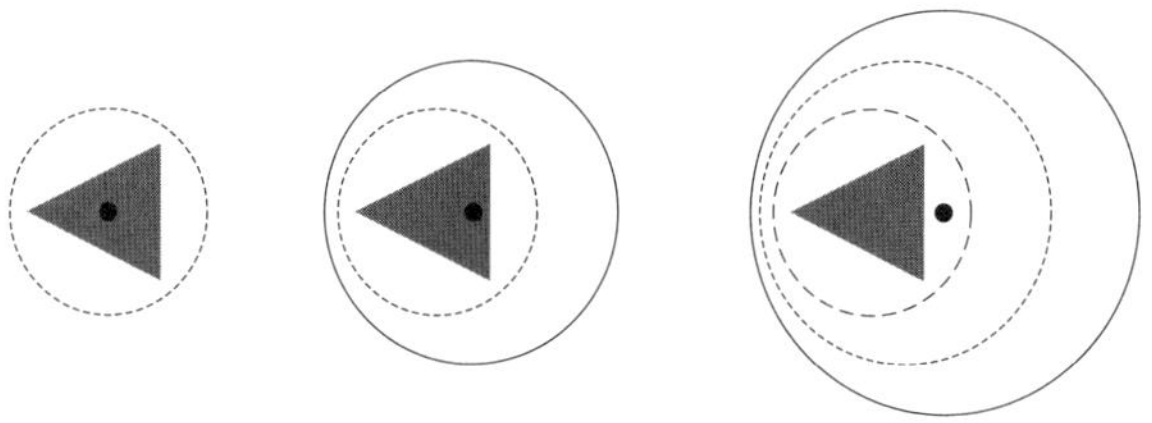

図3・1　波の速度は媒質に対して一定

し、いまの場合、光の媒質とはなにか？　という問題がまずひとつある。当時、宇宙全体にあまねく分布している「エーテル」という微細な物質があり、光の媒質はエーテルだと仮定されていた。しかし、このエーテルの性質もよくわからない（こういうものが存在するなら、電磁気学はエーテルの力学的運動として力学に還元できる可能性があるが、エーテルの力学的性質をどのように仮定してもうまくいかない）。さらに、エーテル中を地球が動いているなら、（さきの公園の鴨の例からわかるように）地球から異なる方向へ発射した光の速さは（地球から観測すると）異なるはずである。だが、そのような違いを検出しようとする試みはすべて失敗におわった（マイケルソン＝モーリーの実験など）。

一方、アインシュタイン自身の特殊相対性理論構築の動機は特殊相対性原理の方にある。光の速度は、電磁気学の基礎方程式であるマクスウェル方程式に組み込まれた定数であるが（速度が定数として組み込まれているという点でマクスウェル方程式はかなり特殊な基礎方程式である）、光速度不変の原理が正しいならば、ここまでで述べてきたように、どの慣性系で光を測定するか（光源も観測者も同一の慣性系にいるとする）で光の速さが異なるはずだ。すると、マクスウェル方程式に組み込まれた定数どおりの光の速さになる慣性系は、ある意味で「特別な系」ということになる。これは特殊相対性原理に反する（じっさい、アインシュタインは原論文で、特殊相対性原理を導入したあと光速度不変の原理を導入するのだが、このときに「一見、特殊相対性原理に反するようにみえるが」と断っている）。[2] したがって、どの慣性系で測定しても光の速さは同一にならなければならない。つまり、さきの鴨の例では、波源である鴨の系で波の速度を測定するのと、媒質にたいして静止している系で測定するのとでは速度が異なっていたのだが（そしてそれは波源の運動状態によらずに波の速さが媒質にたいして同じだからである）、光の場合は（特殊相対性原理と光速度不変の原理の組み合わせにより）、光源の運動状態によらずに光の速さは一定でありながら、（等速直線運動をしている）光源と一緒に動いている系で測定しても、光源にたいして（等速直線）運動している系で測定しても光の速さは同じであるという私たちの直観からは大きく外れる帰結をもたらす。

そして、このような直観から外れる帰結はさらに奇妙な帰結を導く。いま速度 v で走る列車の中にいる観測者 O_1 が、列車の床から高さ h の天井に向けて垂直に光を発射する（図3・2）。天井には鏡が取り付けられており、光は反射して O_1 に戻ってくる。このとき光の走行距離は $2h$ である。一方、地上にいる観測者 O_2 からこの現象を観測すると、もちろん、光が天井で反射し O_1 に戻ってくるという現象は同じなのだが、地上からみると、光が往復するあいだに O_1 は移動しているのだから、（図3・2）のように二等辺三角形の等しい二辺を描くように運動する。つまり、光

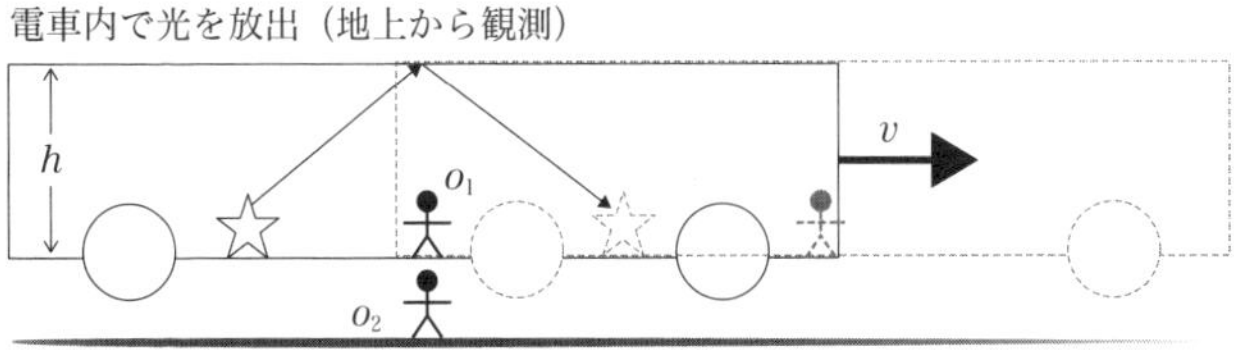

図3・2　時間の遅れ

が移動する距離は列車内で観測したときより長い。しかし、地上から観測した光速と列車内で観測した光速は同じなので、地上から観測した列車内の時間は地上における時間より遅れているということになる。もちろん、列車内から地上の時間を観測すると地上の時間が遅れることになる。

　ここで、本書の問題に関連した注意事項を述べておくと、「時間の測定」とは、このようにあくまでなんらかの現象を介して測定されるものであるということである。言い換えると、時間はなんらかの意味での「時計」によって測定されるということだ。この例の場合、「光が高さhの鏡に向けて垂直上向きに発射され鏡に反射されて戻ってくる」という現象が「時計」である。それゆえ、さきほどの実験と同時に、同様の実験を地上で行う――高さhの鏡つきの屋根を用意し、垂直上向きに光を発射し反射して戻ってきた光を受けとる――と、地上の装置ではすでに光がO_2のところに戻ってきているのに列車の光は（地上の観測者からみると）O_1のもとへ戻ってきていない。逆に、列車内の観測者からみると、自分の手元にはすでに光が戻ってきているのに地上ではまだ光がO_2のところに戻ってきていない。つまり、地上から観測すると列車の時計は遅

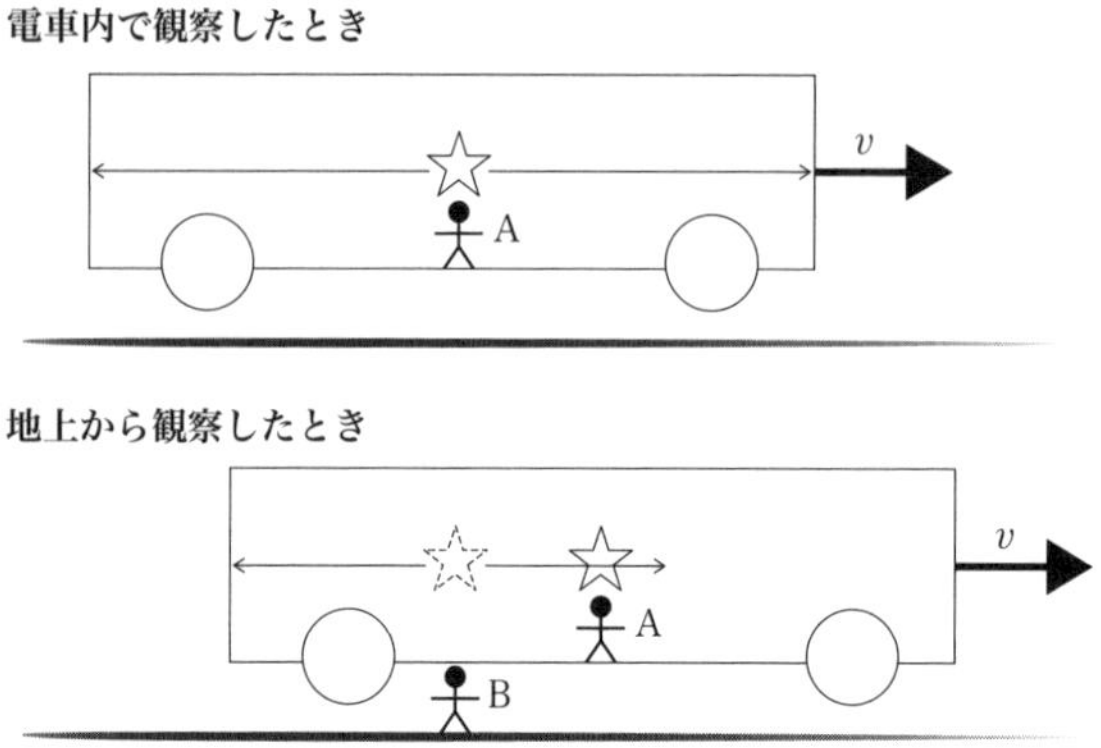

図3・3　同時の相対性

れているし、列車からみると地上の時計は遅れているということである。

　次に、（地上にたいして）速度vで走る列車のちょうど真ん中から、列車の前方と後方へ向かって光を発射するとしよう（図3・3）。このとき、光の速度をcとおく。列車の真ん中にいる観測者からは、これらの光が列車の先端と後端に同時に到着するのを観測するはずである。ところが、光を発射したときにちょうど列車の真ん中の位置にいた地上の観測者が観測すると、この観測者からみても列車内の光の速度はどちらの方向にも同じなのだから、列車が動いている分、光は前端より後端に早く到着したように観測される。つまり、列車内の観測者からは同時であった出来事が、地上の観測者からは同時でないのである。これが「同時の相対性」である。

　さらに、特殊相対性理論によると、空間的な長さも観測者によって変わる。たとえば、光の50%の速さで航行する宇宙船に乗り、地球から一〇光年の距離の恒星Sへ旅するとしよう。この距離は地上で測定したものとする。すると、この宇宙船が恒星Sに到着するのは、地上の時計で二十年後のはずである（加速・減速の時間は無視する）。ところが、宇宙船内の時計は遅れているはずで、かつ地球にたいする宇宙船（宇宙船にたいする地球）の速さは地上でも船内でも同じはずだから、宇宙船から観測すると地球からSのあいだの距離は地上で測定した距離よりも短くなっているはずである。つまり、相対性理論によると、ある系にたいして動いている物体は、その系にたいし静止しているときに測定したときよりも運動方向に関して短くなる（ローレンツ収縮）。

　このように相対性理論では、空間的な距離はどの慣性系から測定するかで変化してしまうのだが、時間次元も合わせた「時空間」を考えると、時空間上の距離はどの慣性系から測定しても不変である。三次元空間における距離sは$s^2=x^2+y^2+z^2$で表されるのはいいだろう。これにたいして時間次元を入れた四次元時空間上の距離sは$s^2=x^2+y^2+z^2-(ct)^2$となり、これが不変なのである。[3]

　最後に、これは直観的な説明が難しいので結果だけを述べるが、質量はエネルギーに変換できる。この関係を示したのが、有名な$E=mc^2$である。原子核が分裂したり融合したりすると元の質量からごくわずかに質量が減る（質量欠損）のだが、そのとき失われた質量はエネルギーとして解放される。それを人工的に利用したのが原子爆弾や原子力発電である。自然界では、太陽など恒星のエネルギー源である。

3　一般相対性理論

特殊相対性理論は、あらゆる慣性系において物理法則が同じ形で成り立つとする「特殊相対性原理」と、真空中の光速度は光源の運動状態によらず一定であるとする「光速度不変の原理」を基礎として構築されていた。私たちは、たしかに、波のない穏やかな海を等速直線運動する大型の船に乗っているとき、外を眺めない限り船が動いているのか（地上にたいして）静止しているのかわからない。この事実から、どの慣性系でも物理法則が同じ形で成り立つということは直観的にも理解できる（どのような物理実験をしてもあらゆる慣性系で同じ結果になる）。言い換えると、どの慣性系にいても、ほかの慣性系と直接に比較できる状況になければ、自分のいる慣性系がほかの慣性系とどのような関係にあるのかがわからないということである。

ところが、いかに滑らかに動く船であっても、加速時には加速と逆向きの力を感じる（これを慣性力という）。もし、船の床にボールを置いていたならば、加速方向と逆向きにボールは勝手に動き出すだろう（つまり、慣性の法則が成り立っていない）。逆にいえば、自分のいる系の内部で慣性の法則が成り立たないならば、たとえ外をみることができない状況であっても、その系は加速度系だということがわかる（そもそも慣性系とは慣性の法則が成り立つ系のことである）。この事実は、あらゆる物理系で物理法則が同じ形で成り立つわけではないことを示しているように思える。

本書のテーマと関連するいいかたをすると、加速度系は「なにか絶対的な基準となる系が存在し、それにたいして加速している系」ということになる。

だが、アインシュタインは、加速度系と慣性系でも物理法則はやはり同じ形で成り立たなければならないはずだと考えて、それを原理としておいた（一般相対性原理）。しかし、じっさいにそのような原理が成り立つような基礎方程式を求めるのは難しい。ここで、アインシュタインは等価原理によって慣性力と重力は局所的には区別がつかないとする。[4] たとえば、外がみえない宇宙船内部にいてある方向に力を感じているとき、力を感じる方向に重力源があるからそちらへの力（重力）を感じるのか、それとも（重力が無視できる空間内にいるが）力を感じる方向と逆向きに宇宙船が加速しているから力（慣性力）を感じる（宇宙船が加速度系になっている）のかが、慣性力と重力が等価なのでわからないのである。逆に、宇宙空間にある宇宙船内で重力を感じなくても、それは重力が無視できる空間内に宇宙船があるからか、それとも宇宙船が自由落下している（それゆえ重力と慣性力が打ち消しあっている）からかわからない。国際宇宙ステーションなどはまさにこの状態であり、本当は（この「本当は」というのもおかしいのだが）地球に向かって自由落下しているのだが、本質的に無重力空間にある系と同等とみなせるのである。

さて、地上にたいして回転する円盤があるとしよう（図3・4）。長さ一のものさしを繰り返し用いて円盤上にいる測定者が円盤の直径と円周を測定する。これを地上から観測すると、直径を測るときには円盤の運動方向はものさしと直角なのでものさしの長さに変化はないが、円周を

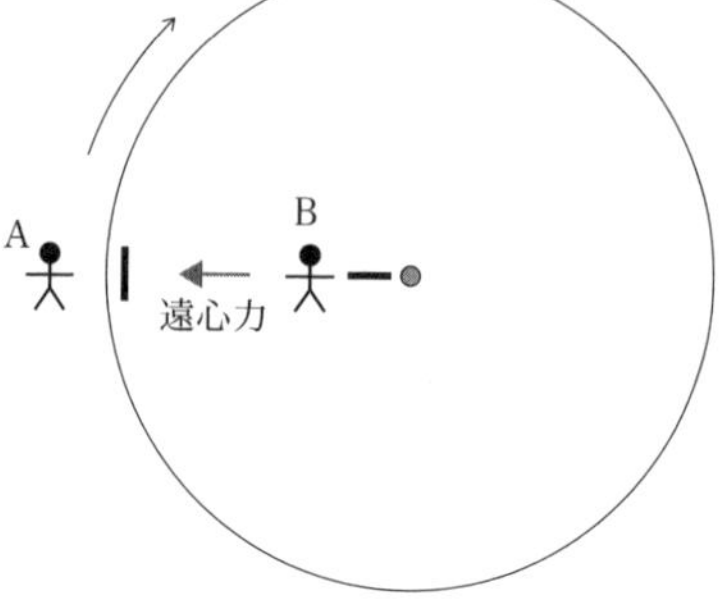

図３・４　回転する円盤の円周率

測る際には（特殊相対性理論の帰結より）ものさしが短くなる。それゆえ、地上から観測したとき、円周率はπにはならない（πより大きくなる）。つまり、空間が歪んでいるのである。ここで等価原理の帰結から回転系（加速度系）と重力系の区別はつかないはずなので、重力によっても空間が歪むはずである（むしろ、重力とは時空間の歪みである——力を時空の幾何へと還元している）。つまり、重力系とは外力のない歪んだ時空における系と同等であるということになる。

さらに等価原理によりこのような系と加速度系は同等にみなせるので、一般相対性原理を満たすためには、どのような座標系でも（ユークリッド時空に張られたものだけではなく、非ユークリッド時空に張られた曲がった座標系であっても）[5]本質的に同じ形で成り立つような（一般座標変換で共変であるような）方程式をみつけだせばよいということになる。このような方程式を共変方程式という。また、重力と空間の歪みを同一視できるということは物質の存在（分布）が時空間の幾何に影響を与えることを示している。それゆえ、一般相対性理論にとって基礎的な方程式は、物質の分布と時空間の幾何との関係を表し、かつ一般座標変換によって不変（正確には共変）であればよい。アインシュタインが見つけ出したそのような方程式がアインシュタイン方程式である。そうすると、すべての運動は、アインシュタイン方程式によって記述される時空間内で作用と呼ばれる物理量が極値をとるような軌跡を描く運動として統一的に記述されることになる。たとえば、地図上で飛行機の国際線（たとえば大阪〜ロサンゼルス線）の航路をみると、遠回りをしているようにみえる（緯線に沿った航路ではない）。だが、それは地上がユークリッド平面ではないからである。大阪とロス、地球の中心の三点を通る平面と地表面の交線（のうち短いほう）が、大阪とロスを結ぶ最短航路である。このように、（地表面の場合は二次元だが）空間が歪んでいるときの二点間の最短経路は、空間がユークリッド的だと考えたときと異なってくる。重力の影響下の物体の運動は、直線運動のように見えないがじつは歪んだ空間上を、最短経路をとるように運動しているのである。

4　現代宇宙論

アインシュタインは（宇宙全体に物質が均等に分布しているというもっともらしい仮定のもとで）アインシュタイン方程式を宇宙全体に適用してみると、宇宙が重力によってすぐに崩壊することを見出した。そこで、重力とうまくつりあうように調整した斥力を導入した。これが宇宙項であるが、宇宙項自体は数学的にはアインシュタイン方程式に含まれていておかしくはない（しかし任意の）定数である（積分定数）。一方、ジョルジュ＝アンリ・ルメートルは宇宙全体が膨張していく解をみつけた。アインシュタインは当初、ルメートルの計算が正しいこと自体は認めたが、そのような宇宙は現実にはありえないとして否定した。しかし、よく知られているようにエドヴィン・ハッブルが各銀河が地球から離れている（しかも遠い銀河ほど離れる速さが速い）ことを観測によって発見し、アインシュタインも宇宙の膨張を認める。[6]

そうすると自然な推論として、宇宙は過去にさかのぼるほど小さくなり、やがてきわめて小さな領域にきわめて高いエネルギーが押し込められた超高密度の状態になるはずである。宇宙がこのような状態から始まったとして現在の観測事実を説明したり予測したりする理論が、いわゆる「ビッグバン理論」である。現在のところ、このビッグバン理論を否定する宇宙論研究者はほぼいないといってよいだろう。

だが、このビッグバン理論では説明できない観測事実がいくつかある。たとえば、地平線問題といわれる問題がある。ビッグバンから約三八万年後、宇宙が十分に冷えて電子と原子核が結合し、その結果、光は電子に捉えられずに長距離を進むことができるようになった。この時期を「宇宙の晴れ上がり」という。私たちが地球から観測できる領域を宇宙の地平線というが、晴れ上がり時から約一三八億年経過しているので、地球を中心とした半径約一三八億光年の球面が現在の宇宙の地平線ということになる。さて、従来のビッグバン理論が正しいとすると宇宙の膨張速度は減速していくが、一方で宇宙の地平線は光の速さで、すなわち一定の速さで増大していく。

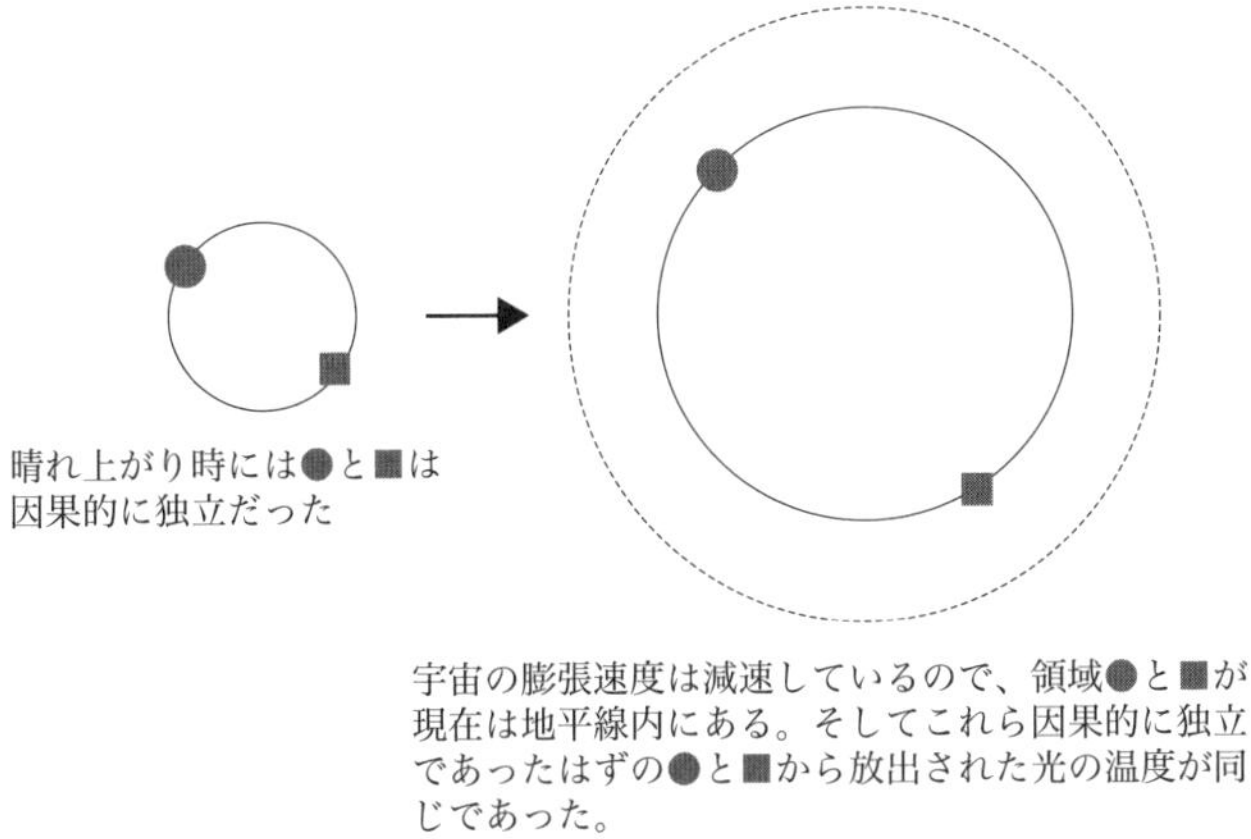
晴れ上がり時には●と■は
因果的に独立だった
宇宙の膨張速度は減速しているので、領域●と■が
現在は地平線内にある。そしてこれら因果的に独立
であったはずの●と■から放出された光の温度が同
じであった。

図3・5　地平線問題

それゆえ、当時は互いに因果関係のなかった複数の領域からの光を観測できるようになっていることになる。ところが、現在観測できる限りでは、どの領域からもほぼ均一に二・七三*K*の放射が観測される。これが地平線問題である（図3・5）。また、別の問題として平坦性問題というものもある。観測事実によると宇宙は大局的にはきわめて平坦に近いのだが、そうなるのは（曲率という物理量の値が0――という特定の値――になるということなので）確率的に非常に低く、なぜそうなるのかの説明が必要であるという問題である。

アラン・グースがそれらの問題を解決するために提案したのが「インフレーション理論」である。[7] この理論によると、宇宙はその最初期に急激な膨張（インフレーション）をし、インフレーション期がおわったあとにビッグバンが起こったのだ。そうすると、因果的に関係していた領域はそれまで考えられていたよりもずっと広い領域であり、現在の地平線内にある領域もすべて因果的に関係があったので、均一の放射が観測されても不思議ではないのである。また、平坦性問題についても、たとえば地上は（じっさいは球面だが）局所的には平坦であるように感じるのと同様に、宇宙が大きすぎるので観測できる範囲内では平坦にみえるだけだということになる。初期のインフレーション理論を改良した理論は現在のところ多くの宇宙論研究者に受け容れられている。ただし、この理論に反対する研究者もいる。

さて、この理論（新しいインフレーション理論）の重要な帰結として、インフレーション期に私たちの宇宙だけではなくほかにも多数の宇宙が誕生したという「多宇宙仮説」がある。これらの宇宙は誕生後、互いに因果的な関係は切れてしまうので、本当にこのような、私たちの宇宙以外の宇宙が存在するのかは観測によっては証明できない。[8] 従来の電磁波を利用した方法では、宇宙の過去についてある程度までしか観測できない（それ以前は、原子が構成できないので電子や陽子がバラバラであり、電気的に中性でないので電磁波が遠くまで到達することができないため）。しかし、重力波を利用した観測方法が発展すれば、宇宙の最初期の状態まで観測することが可能になるだろう。そしてもし、今後の観測事実の積み重ねでインフレーション理論がより強固なものとなれば、その帰結である多宇宙仮説も受け容れざるをえなくなるだろう。

5　無からの創世

このように、インフレーション理論によってたしかに宇宙の最初期の状態まで語ることが可能になってきたが、では、宇宙のまさにそのはじまりについてはどうであろうか？　もし、宇宙に「はじまり」があるのなら、そのはじまりの「前」はどうなっていたのだろうか？　「宇宙」とは時間・空間も含めたものであるとすると、時間や空間すらない「無」から宇宙ははじまったというとになるのだろうか？　だが、どのようにして「無からの創世」は可能なのだろうか？　現在の宇宙論はこれに答えられる段階ではない。しかし、手もちの理論を用いて「無からの創世」について語ろうと試みる物理学者たちもわずかながらいる。

宇宙の形状には、開いた宇宙、閉じた宇宙、平坦な宇宙の3つのものが考えられる。[9]　これらのうち、宇宙が閉じているならば宇宙全体のエネルギーは0だとされている（質量エネルギーや運動エネルギーなどは正であるが、ポテンシャル・エネルギーは負であり、これらがちょうど打ち消しあう）。したがって、宇宙が無から始まったとしても、エネルギー保存則は大丈夫そうである。ここで「無」とは、エネルギーと時空の大きさが0であるような状態である。

アレックス・ヴィレンケンは、この意味での「無」の状態からでも、「量子トンネル効果」によって時空の大きさが有限であるような状態が生まれることができるという。[10]　量子トンネル効果

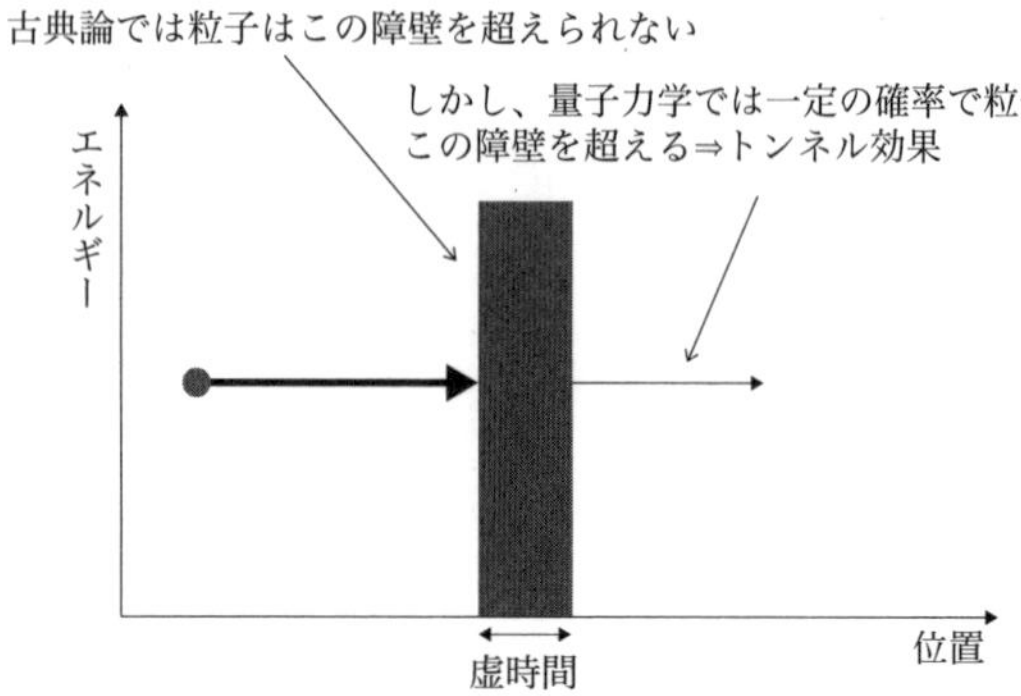

図3・6　トンネル効果

とは、エネルギー的に越えることができない壁を越える量子力学的な現象である。たとえば、(図3・6)で壁の左側にある粒子は壁より低いエネルギーしかないので、古典論的には壁を越えて右側に行くことができない。しかし、じっさいには、ある一定の確率で右に行くことができるのである。時空の大きさが0であるような状態だけでなく、時空がある有限の大きさでも宇宙のポテンシャル・エネルギーが0である状態がある(図3・7)。だが、この二つの状態のあいだにはエネルギー障壁があるので、相対性理論だけを考えると、宇宙は大きさ0の状態から有限の大きさの状態になることはできない。しかし、量子力学も考慮に入れると、トンネル効果によって大きさが0の状態から有限の大きさの状態へと変化することができるのである。このあとの宇宙の成長はインフレーション理論によって記述できる。

また、インフレーション理論とは異なる宇宙初期の理論では、宇宙のはじまりを考慮しなくてもよいものがある。

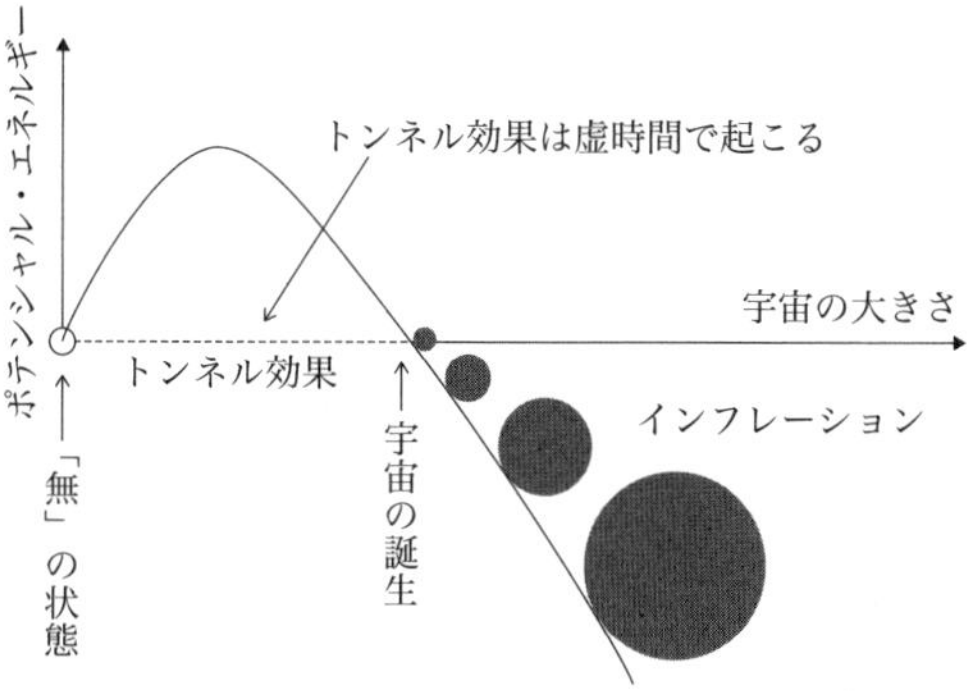

図3・7　無からの創世

たとえば、ポール・スタインハートとニール・トゥロックが提唱しているエキピロティック宇宙論では、高次元の時空に「膜宇宙」が存在し、これらが衝突することによってビッグバンが生じる。[11] 衝突後これらの膜宇宙は離れていき、また衝突する…をくり返す。かれらは明確には述べていないものの、この衝突は無限の過去から無限回繰り返されてきたと考えているようである。さらにその他にも、「世界」は自己原因的に生まれたとする説も存在する。さらに、ジュリアン・バーバーらのグループによる最近の研究によると、宇宙初期のある時点を中心に宇宙は時間的に対称であるという。[12] そうすると、もし宇宙が将来的に縮小するなら、「世界」は時間的に円環構造をもっているといえるかもしれない（もっとも、最近の観測結果では私たちの宇宙は加速膨張をしているので、将来的に縮小する可能性は低いのかもしれない）。いずれにせよ、現時点では、物理学で時間にはじまりがあるかどうかはわからない。しかし、もし時間にはじまりがないとすると、動的時間モデルが不可能であることを八章では示す。

註

（1）Stachel（1988）に原論文の英訳が収録。一般相対性理論も含めた相対性理論の教科書として、内山（一九八七）、佐藤（一九九六）などがある。

（2）Stachel（1988）, p. 124.

（3）時間に光速をかけているのは単位を長さに合わせるためであるが、前についている符号がマイナスなのが気になる。自乗をしてマイナスになるような数字を虚数というが、もし時間が虚数であれば、$(ct)^2$の部分がマイナスになり、前のマイナス符号と合わせてプラスになり、空間次元の符号と同じになる。それゆえ、虚数時間（そういうものがもしあれば、だが）は空間とまったく区別がつかないともいえるだろう。

（4）この原理は、慣性質量と重力質量が等価であるというようにも言い換えることができる。慣性質量とは、ニュートンの運動方程式 $F=ma$ に出てくる質量 m のことであり（Fは力、aは加速度）、重力質量とは、ニュートンの万有引力の法則 $F=Gm_1m_2/r^2$ に出てくる質量 m_1 や m_2 のことである（Gは重力定数、rはいま考えている二体間の距離）。運動方程式と万有引力の法則はそれぞれ独立の法則なので、これらに出てくる質量どうしが同じものであるという保証はない。それゆえ、これらが同じであることをなんとか証明しようとする試みもなされてきたが、どれもうまくいかなかった。しかしアインシュタインは、これらは同じであるということを証明できない「原理」としておいたのである。なお、実験的にはこれらが同じであるということが非常に高い精度で確かめられている——が、もちろんいつの日かこれらが異なることが実験的に明らかになるかもしれない。もしそのようなことが起これば一般相対性理論はその基礎から崩れることになる。

（5）ここで「ユークリッド時空」というのは、ユークリッド幾何学が成り立つような時空である。といっても慣れない読者にはピンとこないだろう。たとえば、ある直線 l にたいして、l 上にないある一点を通る直線のうち、l と交わることのない直線（l と平行な直線）がただ一本だけあるなら、それはユークリッド空間である。ユークリッド空間は平坦である。逆に、一本もない（どれも l と交わる）ならば空間は「閉じている」といい、無数にあるならば空間は「開いている」という。閉じている空間も開いている空間も非ユークリッド空間である。

（6）一線級の専門家の手による優れた宇宙論の概説書は多い。たとえば、Greene (2004) など。

（7）原論文は Guth (1981). 同時期（グースよりやや前）に佐藤勝彦がグースとは独立に指数関数的膨張モデルを発表した（Sato 1981）。ここではモノポール問題という地平線問題や平坦性問題とは異なるビッグバンモデルの問題が解決されることが指摘されている。モノポール（磁気単極子）とは磁石の N 極または S 極が単独で存在したものであるが、理論的には存在するはずなのにじっさいにはこれまで発見されていない。指数関数的膨張モデルによると、急激な宇宙膨張によりモノポールはいわばちりぢりになり、私たちが観測できる範囲にはごくわずかにしか存在せず、それゆえ発見がされないのだ。佐藤自身による解説書は佐藤（一九九五）など多数ある。グースによる解説書は Guth (1997).

（8）余談であるが、現在、著者は、多宇宙仮説のような観測不可能な実体を主張する、それゆえ反証不可能な理論が（科学的理論であるといえるとすれば）どのような資格で科学的だといえるのかを香港の宇宙論研究者と共同で研究している。もちろん、すでに多世界仮説が科学的か否かに関しては多くの議論があるが、多宇宙仮説のみ注目して、いわばその場限りの基準で判断しようとしているものが多いように思える（たとえばCarroll 2019）。そこで著者たちは一般的な科学／非科学の基準を提示し、それによって多宇宙仮説が科学的といえるかどうかを議論する予定である。また、同時に暗黒物質説や暗黒エネルギー説などのようなやはり直接観測が不可能な実体を主張する仮説についても検討する予定である。

（9）「開いている」「閉じている」「平坦」という用語については註（4）をみよ。

（10）Vilenkin (1983).

（11）一般向けの解説書としてSteinhardt and Turok (2007).

（12）Barbour et al. (2014).

第4章

相対性理論と〈現在〉

1　序論

本章では、特殊相対性理論から帰結される同時の相対性が、動的時間モデルを否定するという議論についてみていこう。二節では、なぜ同時の相対性が動的時間モデルを脅かすのかを概観したあと、動的時間論者側からの反論をみる。また、三節ではその動的時間論者側からの反論に関連して科学と実在の関係について論じる。四から七節では、特殊相対性理論以外の理論では動的時間論はどう評価されるのかをみる。そして最後の八節でふたたび科学と実在の関係について論じる。[1]

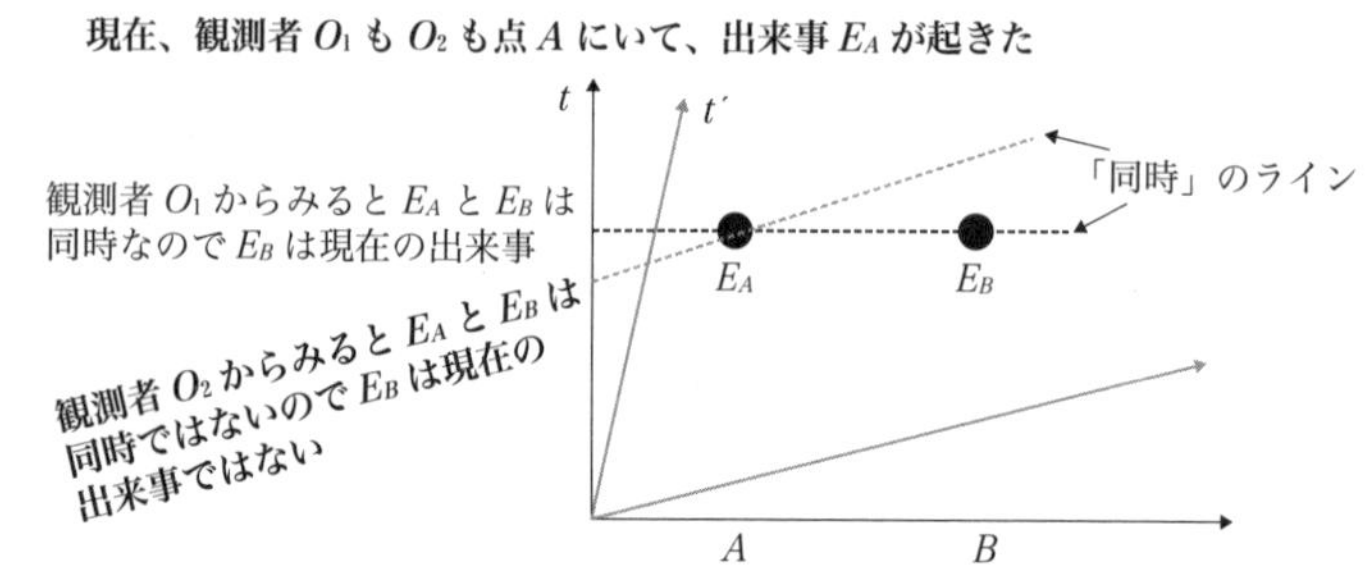

図4・1　観測者によっていつが現在かが異なる

2　特殊相対性理論は動的時間論と不整合か

特殊相対性理論が正しいとすると動的時間論は否定されるように思える。いま、異なる速度で等速直線運動をする観測者O_1とO_2がいて、現在においてどちらも地点Aに到達し、そのとき出来事E_Aが生じたとしよう（図4・1）。さて、Aから空間的に離れた地点Bでは出来事E_Bが起きたのだが、O_1からみるとE_AとE_Bは同時であったので、E_Bも現在の出来事である。ところが、O_2からはE_AとE_Bは同時ではなく、E_Bは過去の出来事として観測されたとしよう（前章での「同時の相対性」より）。動的時間論では、客観的で絶対的な現在（〈現在〉）の存在が前提であったが、慣性系によってなにが「現在」であるのか異なるのならば〈現在〉を定めることができない。この議論を定式化すると以下のようになる。[2]

(1)　特殊相対性理論は正しい。

(2) 特殊相対性理論は絶対的同時性がないことを含意している。
(3) もし絶対的同時性が存在しないのならば、絶対的現在という性質もない。
(4) 動的時間論には絶対的現在という性質が必要である。
(5) それゆえ、動的時間論は誤っている。

これにたいして可能な反論は、特殊相対性理論の経験的妥当性（実験事実をよく説明し、正しい予測を与える）は認めつつ、それが真であることは否定することである。つまり、特殊相対性理論によると、どの出来事とどの出来事が絶対的に同時であるかを経験的に決定することはできないが、現実には絶対的同時性が存在すると主張することである。たとえば、ボーンは、「もし私たちが検証主義を拒否するならば、アインシュタインの同時性の定義を受け容れる必要はなく、それゆえ、同時の相対性を受け容れる必要もない」と述べる。[3] しかしそれに対応する要素が理論に含まれていない対象の実在を主張することは、その理論（物理的実在の記述として）が不完全であることを主張するのと同等である。もっとも、二章で議論したように、物理的実在を完全に記述できていなくても、認識論的な意味で理論が完全であるといえる場合がある。しかし、それはあくまで、QBism のように、「本当の物理的実在は不可知である」という立場での議論である。それゆえ、「科学理論のうちに含まれていない物理的対象」は存在するかもしれないが、存在すると確実にいえるわけでもない。つまり、絶対的同時が必然的に否定されるわけではないかもしれないが、動的時間論は積極的に絶対的同時を主張する以上、**立証責任は動的時間論者側にあるのではないだろうか。**それゆえ、科学理論を真剣に考慮するならば、理論に含まれていない対象の実在を主張するときはそれだけのなんらかの強い根拠がなければならないだろう。このことについて、測定前の物理量が明確な値をもつ可能性についての量子力学の哲学での議論と比較してみよう。

3　科学と実在

二章で解説したように、シュレーディンガー方程式は量子力学の基本方程式であるが、シュレーディンガー方程式は、系が固有状態でなければ測定前の物理量の値を確率1で予測できない。この状況は、特殊相対性理論で絶対的な同時を決定できないという状況と似ているだろう。現在ではベルの不等式の破れが実験的に確かめられ、少し状況が異なってきたが、ベルの不等式発表以前から、「量子力学が測定前に測定値を予測できないことは、測定前の物理量が値をもたないことを示すのかどうか」については議論があった。しかし、測定前から明確な値をもつはず（それゆえ、量子力学は不完全）だとする側（アインシュタインなど）も、ただたんにそのような可能性が論理的にはあるということだけを主張していたのではない。アインシュタインはEPR論文の中で、以下のような理論が完全であるための必要条件を唱える。

すべての物理的な実在は、物理理論においてその対応物がなければならない

たとえば、ある理論Tとある物理的実在Pを考える。P（の対応物）はTに含まれておらず、かつPは原理的に観測不可能だとしよう。しかし、Pが実在することがなんらかの方法で証明できたとする。このことはあきらかにTが物理的実在の記述について不完全であることを意味する。だが、Pは原理的に観測不可能なのだから、このことはTが経験的に妥当ではないことを意味しない。

じっさいに測定するまでは物理量の測定値を量子力学によって予測できないからといって、かならずしも測定前の物理量が値をもたないということにはならないというのは確かだろう。だが、だからといって、自分の哲学的信念に反するという理由だけで、経験的に成功を収めた理論に含まれない存在者の実在を主張するというのは学問的ではない。アインシュタインの場合であれば、量子力学にその対応物がないはずの実在が存在することをEPR実験で示すことによって量子力学が不完全だと証明しようとしたのである[4]。また、そのほかにも、ド・ブロイ－ベル－ボーム理論のように、そのなかに（量子力学では含まれていない）実在の対応物を含むような理論を構築することで、測定前の物理量の実在を示そうとするような試みもある。

話を特殊相対性理論に戻すと、もし、絶対的同時性があると主張するならば、立証責任は「ある」という側にあるはずで、絶対的同時性をなんらかの手段で（哲学的な手段でよいが）証明するか、絶対的同時性（の対応物）を含む理論を構築するべきである。じっさいのところ、エーテルも特殊相対性理論によって放逐された実在のひとつであるが、これも、特殊相対性理論と経験的に矛盾しない形で存在する可能性はあるだろう（ローレンツ力学はそのような理論の候補のひとつであろう）。しかし、じっさいにどのような性質をもてば特殊相対性理論と経験的に矛盾しないかなどを明示した、その対応物を含む理論が構築されるなどしなければ、エーテルが存在するという主張を真面目に受けとる者はいないのではないだろうか。

だが、そもそも科学理論はすべての存在者を包括できるものではないのではないか、という疑念もあるだろう。「クオリア」はそのような存在者の一例である。クオリアがもし実在し、かつ現在の科学理論では扱えないならば、私たちは現在の科学理論の不完全性を受け容れなければならないのだろうか。次の二つの場合が考えられる。

(1) クオリアは非物理的な存在者である。

(2) クオリアは物理的な存在者である。

前者の場合、自然科学は物理的な世界を扱うものなのだから、クオリアが現在の科学理論では扱えないからといって現在の科学理論が不完全だということにはならない。一方、後者の場合ならば、たしかに現在の科学理論は不完全であるということになるだろう。だが一般に、哲学者たちがクオリアはどのような科学理論にも含まれないというとき、かれらはクオリアが非物理的な存在者だから科学理論では扱えないと主張している。しかし、絶対的同時性はあきらかにそのようなものではなく、もしそれが実在するならば物理的世界に存在するはずのものである。

しかし、じっさいのところ、特殊相対性理論には一般相対性理論という拡張理論があり、さらに、その一般相対性理論も量子力学と統合されていない以上、特殊相対性理論が不完全であるという主張は、ある意味ではそのとおりではある。以下では、特殊相対性理論以外の理論を考慮したとき、この問題はどうなるかを考えてみよう。

4　一般相対性理論と〈現在〉

特殊相対性理論はすべての慣性系の同等性を要請する理論であったが、一般相対性理論は非慣性系にまで相対性原理を要請する理論であるので、一般相対性理論は特殊相対性理論を含むといえる。もし、一般相対性理論においては絶対的な同時を決めるためのなんらかの特別な系を指定することができるのならば現在主義を守ることができるだろう。だが、上述のとおり、一般相対性理論は特殊相対性理論を拡張したものであることを考えると望みは薄そうである。しかし、一般相対性理論は重力理論でもあり、それゆえ宇宙論に適用されることによって基準となる系の候補を挙げることができるかもしれない。

前章で述べたように、ほとんどの宇宙論研究者たちは、私たちの宇宙が膨張していることを認めている。この事実は、私たちの宇宙にはじまりがあることを示唆しており、それは約一三八億年前だと推論されている。しかし、時間の進みかたが系によって異なるならば、いったいどの系で測って約一三八億年なのだろうか。モリスは次のように述べる。

> たとえ特殊相対性理論が時間測定の相対的であることを含意していても、宇宙の年齢という概念は正確な意味をもっている。逆説的であるが、一般相対性理論は特殊相対性理論ほどは相対的ではないのだ。このことは、異なる観測者による時間の測定について特殊相対性理論が述べることと矛盾はしないが、宇宙全体に適用できる宇宙時間なるものを定義することを許容しているのだ。

宇宙時間は、宇宙の平均的な膨張とともに動いている観測者によって測定される時間のことである。[5]

この宇宙とともに膨張する系を共動座標系というが、共動座標系で測定された同時は絶対的同時の候補ではある。だが、共動座標系で測定された同時が絶対的な同時であるという保証はない。

5　量子力学と〈現在〉

特殊相対性理論では光学的同時性、すなわち、光学的に測定できるような同時性のみを認めていたが、そのほかにも同時性があるはずである。ツィマーマンは、量子力学における非局所相関はそのような同時性を規定する方法のひとつだという。モードリンによると、かりに量子力学的な同時性を認め、それを特殊相対性理論にくわえても、特殊相対性理論の経験的妥当性を低下させるわけではない。

時空の相対論的な解明の確固たる部分はいずれも否定されない。むしろ、ローレンツ計量に新しい構造がくわえられる。このため、相対論を用いた物理的現象にたいする成功した説明はいずれも否定されたり修正されたりする必要性はない。〔中略〕それゆえ、現象にたいする既存の適切な相対論的な説明が失われる危険はないのである。この意味で、相対論の内容はまったく否定されないのだ。[6]

要するに、量子力学は絶対的同時性を規定するほかの方法を提供し、また、一般相対性理論は、量子力学と統合されていないという意味でじっさいに不完全な理論なのである。そのうえ、モードリンとツィマーマンは、特殊相対性理論に特別な葉層構造（とりあえず「特別な同時刻で切った空間断面」とでも思えばよい）をくわえても理論自体にはまったく変化を与えないと主張する。

だが、カレンダーが指摘するように、量子力学的同時性と形而上学的な同時性が同じものであるという保証はない。[7]

6 多宇宙仮説と現在主義

四節と五節では一般相対性理論と量子力学を検討し、そのどちらもが、特殊相対性理論とは異なり、絶対的な同時性を規定する方法があることを示しているように思えることをみてきた。すでに述べたように、共動座標系や非局所性によって規定される同時が、現在主義において必要不可欠な絶対的現在を保証する絶対的同時である根拠はない。しかし、特殊相対性理論がすくなくとも理論内ではその存在を否定していたところの絶対的同時の「候補」が提示可能であることは大きいであろう。

一方で、一般相対性理論も量子力学も、これらはいまだ統合されていないという意味では不完全であり、物理学者たちはこれらの理論を統合して「最終理論」を構築しようと日々努力している。最終理論にはいまだ到達していないものの、統合の試みの過程で時空に関するいくつかの興味深い結果が得られている。そのような結果のひとつが、三章でも少し言及した「多宇宙仮説」である。新しいインフレーション理論によると、多くの異なる真空領域でインフレーションは永久に続き、それによって多くの宇宙を創り出す。これらの宇宙はやがて互いに因果的に切り離されることになる。それゆえ、たとえ四節で言及した共動座標系が(この宇宙全体の)絶対的同時を規定する系であったとしても、ほかの宇宙とも共通な同時を決めることはできない。

だが、母宇宙で相関したいくつかの量子が、子宇宙が誕生する際にそれぞれ別の宇宙へと含まれたとすると、どれかひとつの宇宙でそのうちのひとつの量子が測定されると、同時にほかの宇宙でももつれが解けることになる。それゆえ、多宇宙仮説が正しくとも絶対的同時性が規定できそうに思える。しかし、現在の宇宙論では、真空が天下り的に与えられて、そこからどのように宇宙が生まれるかを調べているが、この真空から母宇宙がひとつだけ生まれるわけではない。そうするとやはりこれらのあいだには相関がないと考えられるので、それぞれの宇宙での時間の進みかたは独立だろう。

ところで、前章で言及したように、ヴィレンケンらは無の状態から量子トンネル効果によって宇宙が誕生すると主張した。いま述べた現代宇宙論で研究されている真空(基底状態の時空間)からの宇宙の誕生と、時空そのものの誕生を論じるヴィレンケンの研究との正確な関連は正直にいって私にはよくわかっていないので、とりあえず別のものとしたうえで、この理論ではどう考えられるかもみていこう。

ヴィレンケンのメカニズムで誕生する時空も、ただひとつではなく多数あると考えられる。なぜなら、量子トンネルは確率的な現象であるからだ。つまり、時間も空間もない状態から宇宙が生まれる可能性が、それがたとえどんなに低い確率でも、あるなら無数に宇宙が生まれるはずである。時間も空間もない無の状態というのは、逆にいうと、いたるところに無数に「ある」はずで、たとえば無数のサイコロを振れば六の目が出ている無数のサイコロがあるのと同様に、「無から生まれた宇宙」も無数にあるはずだ。そして、これらは誕生の瞬間から因果的に独立なので、インフレーションによる多宇宙のように量子もつれにより同時を規定することはできない。

7　エキピロティック宇宙論と〈現在〉

ここまで、特殊相対性理論によると複数の出来事の同時性が相対化されるので現在主義が維持できないという議論から出発して、特殊相対性理論も含む一般相対性理論や相対性理論とともに現代物理学の主要な理論である量子力学ではかならずしも同時が相対化されるわけではないことをみてきた。しかし、量子力学と一般相対性理論は統合されているわけではないので、この段階ではまだ現在主義と現代物理学との相性は判断できない。そこで、一般相対性理論に部分的に量子力学を適用した量子宇宙論へと考察を進めた。すると、その帰結である多宇宙仮説は、かならずしも現在主義を否定するものではないが、（科学者集団に広く受け容れられているとはいいがたいものの）ヴィレンケンらの「無からの創世」シナリオが正しいならば、量子もつれを考慮しても同時性を規定できない多数の宇宙があることがわかった。

さてしかし、インフレーション理論はビッグバン理論ほど完全には科学者集団に認められた理論ではなく、いくつかの代替理論が存在する。それが三章でも述べた、スタインハートとテュロックによるエキピロティック宇宙論である。この理論では、宇宙が誕生と終焉を繰り返すので、はじまりがない（ように思える）。ところが、この理論では、完全に同じ宇宙が繰り返されるわけではない。ということは、これもまた、過去に遡って行くとどこかで「はじまり」に遭遇するということである。すると、やはり宇宙は無からはじまったということになり、前節と同じ結論――絶対的現在はないという結論になるだろう。だが、無限の過去から無限回の異なる宇宙が創造されてきたのではないかという疑問はあるだろう。じっさい、スタインハートとテュロックはそのような見解をもっているようだ。それが正しいとすると、宇宙（そして時間）にはじまりはないことになる。ただし、八章で議論するように、時間にはじまりがないならば動的時間モデルは成り立たない。

8　ふたたび科学と実在

相対性理論との不整合性に限らず、一般に、動的時間論は物理学と相性が悪いという議論がある。なぜなら、物理学のなかに「時間の経過」という概念が含まれていないからだ。物理学には〈現在〉が含まれていないといってもよいだろう。ところが近年、こうした議論にたいするある程度説得力をもつ議論がバロンから提出された。[8] バロンによると、現在の物理学に時間経過が含まれていないことは、むしろ現在の物理学が不完全であることを示しているのではないかという。〈現在〉の存在の直観的正しさに頼る議論にたいして、科学の歴史は私たちの直観のほうがまちがっていることを示してきた歴史でもある、という反論がありえる。だが、そのようにして科学によって否定されてきた直観とはどのようなものであっただろうか。

たとえば、天動説がその典型であると思われるが、この場合、「太陽が動いているようにみえるから、じっさいに太陽が動いている」という考えである。だが、「太陽が動いているとみえること」と「じっさいに太陽が動いていること」のあいだにはギャップがあるように思える。それゆえ、「太陽が動いているように見えても、じっさいには太陽が動いていない」ことは可能である。同様に、「時間が経過しているように感じるから、じっさいに時間が経過している」の場合も、「時間が経過しているように感じること」と「じっさいに時間が経過していること」のあいだにはギャップがあり、「時間が経過しているように感じても、じっさいには時間が経過していないこと」は可能であるように思える。

しかし、地動説において「太陽が動いている」という直観が否定されたのは、地動説に「太陽が動く」という事実が含意されていないからではない。じっさいの観察事実や概念的な有利さによって、天動説をとるよりも地動説をとるほうが合理的であるので地動説がとられたのである（もっとも、科学史的に厳密にいうとなかなか難しい問題であるが、すくなくとも現代においては、天動説をとらずに地動説をとる合理的な理由を列挙することができる）。それゆえ、「時間が経過しているように感じられてもじっさいには時間が経過していないことが可能である」や「現代物理学の理論には時間経過（〈現在〉）が含まれていないから」という理由で動的時間論を否定するのは合理的ではない。さきほど、相対性理論が含意していない存在者を認めるのは相対性理論が不完全であることを認めることになると述べたが、バロンによると、じっさいに現代物理学が不完全である可能性はある（たとえば量子力学と一般相対性理論はいまだ統合されていない）のであり、動的時間論者にとって現代物理学が完全であるということを受け容れる必要はないのである。

かりにある観察事実Oがあったとして、それがいまの物理理論Tには含意されていない存在者Xを含意するからといって、それだけの理由でXを否定するのは、むしろ、科学として行ってはならないことであろう。そもそも、バロンが指摘するように、物理理論に含まれていない存在者Xを含意するという理由で観察事実Oを否定するならば科学における新発見も不可能になってしまう。それゆえ、時間経過が現在の物理理論に含意されていないからといって、その理由により時間経過を否定する議論は説得力をもたない。とはいえ、同時に、科学では、既存の理論Tに含意されていなかった存在者Xを示唆する観察事実Oが発見されたとしてもすぐにはXを認めるわけではないことも事実である。一見、Xが観察事実Oを説明するようであっても、TでOが説明可能ならわざわざXを導入する必要はない。したがって、XがTに含意されていないことは、Xを積極的に否定する根拠にはならなくとも、同時に、OがXを積極的に肯定する根拠にもならない。この場合は、科学においては、二節で議論したように、立証責任はやはりXの存在を主張する側にあるように思える。ただ、じっさいに既存の理論Tで観察事実Oが説明可能なのかどうかは現時点では不明である。このような状況にあっては、バロンが主張するように、立証責任は否定する側にあるのかもしれない。現在のようなどちらも決定打がない状況においては、このように立証責任をどちらが負うべきかという争いになることがある。

しかし、どちらが負うべきであるにせよ、自身の立場を強化する議論を提出できるならばそれに勝ることはないだろう。さらにいくつかの準備を経て、七章と八章では、時間経過が実在しないという立場を支持するこれまでにはなかった議論を提示しよう。

註

（1）本章の議論は Morita (2017) を大幅に改訂したものである。

（2）Markosian (2004), pp. 73–4.

（3）Bourne (2006), p. 176.

（4）ここで観測できないものの実在をどうやって証明するのかという疑問が生じるだろう。アインシュタイン（EPR）は「系を乱すことなく確率1で物理量Qの値が予測できたならばQに対応する物理的実在の要素が対応している」というおそらく直観的にはほとんどの人が容認できるであろう実在の十分条件（必要条件ではない）を提示し、じっさいに「系を乱すことなく確率1で物理量Qの値を予測できる」ということを示したのである。

（5）Morris (1985), p. 174.

（6）Maudlin (2008), p. 160.

（7）Callender (2008), pp. 65ff.

（8）Baron, Sam (2017).

第5章

熱力学と時間

1 序論

熱力学第二法則、別名エントロピー増大則は、基本的とみなされる物理法則のなかで唯一、時間非対称的な法則である。ここで、「時間非対称的である」とは、時間の向きによって生じうる現象が異なるということである。本章では、二節から五節で熱力学第二法則について簡単に解説し、六節で、この法則がほかの時間対称的な法則に還元されうるという議論をみる。また、エントロピー増大現象以外に私たちの身のまわりにある典型的な時間非対称的な現象として「過去の記憶はあるが未来の記憶はない」というものがあるが、この現象をエントロピー増大現象によって説明可能であるかについて論じる。

なお、エントロピーが増大する方向を「熱力学的矢 thermodynamic arrow of time」といい、私たちの記憶がない方向を「心理学的矢 psychological arrow of time」という。また、宇宙が膨張していく方向を「宇宙論的矢 cosmological arrow of time」と呼ぼう。[1]

2 熱力学第二法則

二章で述べたように、量子力学の基礎方程式であるシュレーディンガー方程式は時間対称的である。また、一般相対性理論の基礎方程式であるアインシュタイン方程式も時間対称的である。このことは、状態CがEになるような現象が現実に観測されたならば、その時間反転、すなわち状態EがCになるような現象も観測されるはずだということを意味する。ところが現実には、じっさいに観測された現象を時間反転した現象が観測されないということがある。たとえば、熱いお湯と冷たい水を混ぜると、これらはやがて均一のぬるま湯になるだろう。だが、ぬるま湯が自発的に熱いお湯と冷たい水にわかれることはない。しかし、後者の現象もエネルギー保存則を破る現象ではなく、なおかつ、いま述べたように、現代物理学の基礎方程式に反する現象でもない。それならば、これらにくわえて後者の現象を禁止する別の法則が存在するということだろう。[2]それが熱力学第二法則である。

熱力学の理論化は一九世紀、フランスのサディ・カルノーによって本格的にはじまった。カルノーは、熱を仕事に変換する機関（熱機関）の最大の効率を研究するために、純粋に熱によって産み出された仕事の量を求める方法を考えた。それがいわゆるカルノーサイクルである。カルノーサイクルでは、熱が外部に仕事をするが（「熱が外部に仕事をする」とは体積が増えることである）、最終的に元の状態に戻る。ここで「状態」とは温度と体積を指定することで一意的に指定される。つまり、カルノーサイクルでは、機関の温度と体積（そしてこれら二つを指定することで一意的に決まる圧力）がサイクルを一巡すると元に戻るということである。それゆえ、一巡のあいだに熱がどれだけの外部仕事をしたかを評価できるわけである。

さらに、このカルノーサイクルは可逆機関でもある。可逆機関とは、この機関がした仕事と同じだけの仕事をこの機関に与えると、正の向きでこの機関が与えられた熱量と同じだけの熱量を外部に排出し（そして、この機関が排出したのと同じだけの熱量を受け取り）、元の状態に戻るような機関である。また、カルノーは可逆機関がもっとも熱効率が高いことも証明した。それゆえ、カルノーサイクルはもっとも熱効率がよい熱機関でもある。

ところが、そのカルノーサイクルの熱効率は1ではない。つまり、与えられた熱すべてが仕事に変換されるわけではない。これは、カルノーサイクルでは高温熱源のほかに必ず低温熱源を用意せねばならず、そこにいくらかの熱（仕事として変換されなかった熱）を捨てなければならないからである。[3] もしただひとつの熱源からなんの痕跡も残さずに仕事をすることができる（熱効率1の熱機関が存在する）のならば、たとえば大気中の熱から仕事を産み出すような機関をつくることができるので、ほぼ無限にタダで仕事を産み出すことが出来る（しかしエネルギー保存則を破るわけではない）。ところが、現実は、もし大気中の熱から仕事を産み出せるとしても、かならず大気より低い温度の熱源も用意せねばならず、それには結局コストがかかってしまうわけである。

この「ただひとつの熱源からなんの痕跡も残さずに仕事をすることができる」ような熱機関を第二種永久機関という。ちなみに第一種永久機関はエネルギー保存則を破るような機関である。だが、第二種永久機関はエネルギー保存則を破らないわけだから、それなのにそのような機関が不可能ということは、なにかエネルギー保存則以外の原理があるということである。これが熱力学第二法則（第一法則はエネルギー保存則）である。ドイツの物理学者ルドルフ・クラウジウスは、この熱力学第二法則を「熱は自発的には冷たい物質から熱い物質へと移動しない」（もしくは「熱はつねに温度差をなくする傾向がある」）と定式化した。[4] これは冒頭で述べたように、私たちの日常生活においても一般的にみられる現象である。すなわち、熱いお湯と冷たい水を混ぜるとぬるま湯になるような現象である。

さきに述べたように、熱機関が働くためには高温熱源と低温熱源を用意しなければならない。高温熱源から低温熱源への熱の移動によって仕事を産み出すことができるのである。このことはつまり、熱で仕事を産み出すためには温度差が必要であるということである。ところが、熱力学第二法則によると「熱はつねに温度差をなくする傾向がある」（つまりエネルギー0で温度差をつくれない）のだから温度差をつくり出すにはコストがかかり、それゆえ、エネルギー保存則を破

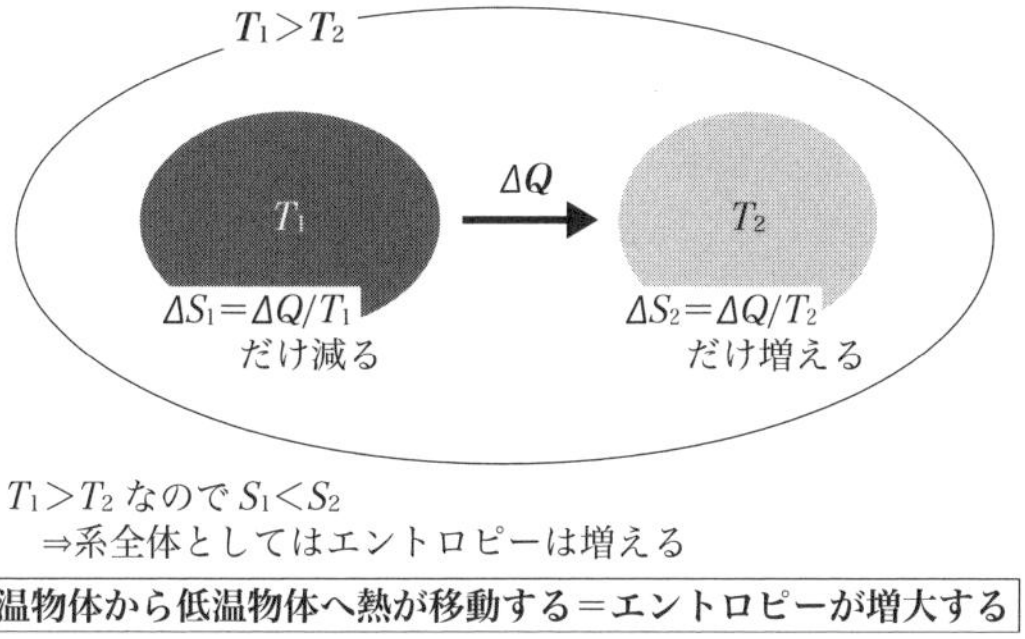

図5・1　エントロピーの増大と熱力学第二法則

らずに永久に動き続けるような熱機関をつくることは不可能なのである。

クラウジウスはこの熱力学第二法則を定量化する方法もみつけだした。すなわち、エントロピー概念の導入である。それほど難しい話ではないので、少しだけ数式を用いる。エントロピーは $\Delta S = \Delta Q/T$ と表される（ΔS、ΔQ、T はそれぞれ系のエントロピーの増大分、熱の増大分、温度）。いま、高温熱源 A と低温熱源 B を接触させる。すると、熱力学第二法則より ΔQ の熱が A から B へと移動する。すると、エントロピーの分母にくる T は B の方が小さいのだから、A が失ったエントロピーより B が得たエントロピーのほうが大きい（A から B へとエントロピーが移るわけではないことに注意）。それゆえ、A と B を合わせた系全体のエントロピーは増大するということになる（図5・1）。言い換えると、熱が「高温物体から低温物体へと移動する」ことによってエントロピーは増大するということであり、熱力学第二法則とはエントロピーは孤立系においてつねに自然に増大する（より正確には、エントロピーが自然に減少することはない）ということである。AとBの温度差がなくなると熱の移動がなくなるのだからエントロピーはそれ以上増大することはない。熱の移動がなくなる状態を熱平衡状態といい、熱平衡状態がエントロピー最大の状態だということである。

3　分子的混沌の仮定と情報の喪失

さきに、基礎方程式は時間対称的なのだから、不可逆な自然現象が存在することを説明するためには新たな法則が必要で、それが熱力学第二法則であると述べた。だが本当に熱力学第二法則はほかの基礎方程式に還元できないのだろうか。一九世紀末、オーストリアのルートヴィッヒ・ボルツマンは統計的な手法を用いて熱力学第二法則を力学へ還元しようとした。温度とは、物質を構成している分子の運動エネルギーの平均値（単位が異なるので、温度に定数をかける必要があるが）であるという考えは、原子論の浸透とともにすでに広まりつつあった（原子の存在を否定する研究者もいたが）。それゆえ、熱力学の諸法則を、原子の力学的集団運動による結果として統計的に導き出す気体分子運動論もまた、ジェームズ・クラーク・マクスウェルとボルツマンの努力により発展していくが、熱力学第二法則の還元は難関であった。

しかし、ボルツマンは、一八七二年に熱力学第二法則を証明したと発表した（H定理）。ところが、これにたいして、ヨハン・ロシュミットが、時間対称的な力学法則から時間非対称な熱力学第二法則が導かれるはずがないというもっともな批判をする。[5] じっさい、そのようなことは不可能なはずであり、どこかにトリックがあるはずだ。それがすなわち、今日では「分子的混沌の仮定」と呼ばれる、ボルツマンが証明の際に導入していた仮定である。分子どうしが衝突すると、衝突後、衝突した分子どうしには相関があるはずである。たとえば、ふたつの分子が衝突するとき、これらの運動量の合計が10であるとしよう（本当は運動量はベクトル量なのだが簡便のためにスカラー量として扱う）。衝突後の一方の分子の運動量を測定して8であったならば、運動量保存則よりもう一方の分子の運動量は2になるはずである。ところが、このような相関をいちいち考慮に入れているとてもではないが計算ができないので、ボルツマンは簡単のために（それが本質的であると知らずに）衝突後の相関を無視して計算をした。これが分子的混沌の仮定である。ところが、衝突後の分子どうしに相関がないということは、この一連の過程は可逆的でないということである。つまり、衝突後の分子を観測しても、衝突時の情報を失っているわけだから、これらの分子の「過去」がわからない（それゆえ、時間を逆に辿ることができない）。ところが、時間対称的な力学のもとではすべての物理現象が可逆的であるはずなのだから、本来は過去へ遡れるはずである。したがって、時間対称的な力学法則から時間非対称的な法則が出てきたトリックは分子的混沌の仮定にあるのだ。

　ところで、過去の情報が失われるということは、時間の不可逆性にとって重要なポイントである。さきに述べたように、エントロピーが最大の状態を熱平衡状態というが、熱平衡状態に到達した系が過去にどのような状態にあったのかは（巨視的には）推測不可能である。なぜなら、たとえば、ある二〇〇ccの水が均一に四〇度の水温になっている状態だとして、この系の過去の状態には色々な可能性がある。すなわち、一〇〇cc分が六〇度で残りが二〇度であったかもしれないし、七〇度と一〇度であったかもしれないし、一五〇cc分が五〇度で残りが一〇度だったかもしれない。そのほか無限の可能性があり、巨視的にはそのどれかひとつに決定できない。

情報科学における情報量（情報の有用度）をあらわす指標である情報エントロピーでも、情報エントロピーが大きいとは情報が少ないということを意味している。結局、エントロピーが大きいということは、同じ巨視的状態を実現する微視的状態が多いということであるから、それだけさまざまな可能性を内包しているということである。そして、情報エントロピーの場合も、それが大きいということは、情報が少ない、したがって有用度が低いということであり、その情報を用いて推測される結果にさまざまな可能性があるということである。情報とエントロピーの関係は、マックスウェルの悪魔やブラックホールのエントロピーの考察を通してじょじょに明らかにされてきている。[6]

なお、上述のロシュミットの批判にたいして、ボルツマンは、エントロピーはけっして減少しないというわけではないと反論した。すなわち、エントロピーは減少することもあるが、しかし、それは非常に低い確率なのである。[7] のちにボルツマンはこの立場を発展させて熱力学第二法則の証明を試みる。[8]

4　エントロピー概念の拡大

熱平衡状態（エントロピー最大の状態）では、分子の速度分布がマクスウェル-ボルツマン分布という分布になっていることがわかっていたが、H定理は、時間経過にともなって分子の速度分布がマクスウェル分布に向かっていくということを証明しようとするものであった。しかし、ロシュミットによる批判を受けて、エントロピーはけっして減少しないという性質のものではないという立場をボルツマンはとることになる。つまり、エントロピーは自然に減少することもあるのだが、その確率はきわめて低いのである。そこで、ボルツマンは、マクスウェル分布の実現確率がそれ以外の速度分布の実現確率より大きいことを証明した。すなわち、エントロピーが大きい状態は小さい状態より実現する確率がはるかに大きいので、エントロピーはつねに増大するのである。

このとき、ボルツマンは新しいエントロピーの定義をみいだした。それが有名な $S=k\log W$ であり、ボルツマンの墓にはこの数式が刻まれている。k をボルツマン定数という。log は対数である。対数の意味がわからない人は気にしなくてよい。重要なことは W が大きくなるとエントロピーSも大きくなるということである。Wは、ある巨視的な状態（熱力学的状態）に相当する微視的な状態の数である。つまり、同一の巨視的状態を実現する微視的状態の数が多いほど、エントロピーは高いのである。

そのように拡大されたエントロピー概念のもとでは、熱力学的現象だけではなく、すべての不可逆な物理現象はエントロピーが増大する現象だとみなされうる。たとえば、水に黒インクをくわえると自然に黒インクが広がっていくが、広がった黒インクが自然に一箇所に集まることはない。このように、熱力学的現象ではなくとも不可逆な現象は多くあるが、このような現象もボルツマンの新しいエントロピーの定義とそのエントロピーが増大するという法則によって記述されるのである。水に黒いインクが均一に広がっている状態を実現する微視的状態は多いが、一箇所に黒インクが集まっている状態を実現する微視的状態が少ないことは直観的にわかるだろう。

ただし、エントロピーを単純に乱雑さの尺度と見ることには慎重にならなければならない。なぜなら、天体が構成されるなどの重力現象や、自己組織化などはむしろ乱雑さが減少している（構造化が起きている）ようにみえるが、しかしエントロピーが増大する現象だとみなせるからである。これは、天体が構成される際には（部分系の）内部エネルギーが減少するが、そのことによって系全体の（その巨視的状態を実現する）状態数が増えることによる。同様に、ある開放系の内部エネルギーが減少することによって、その系の環境系も含んだ全体系のエントロピーが増える場合がある（エネルギー保存則から部分系の内部エネルギーが減少すると必然的に環境系のエネルギーは増えることになる)。そのようなときは自発的に組織化が起こる。重力現象だけではなく化学反応でもよくみられる現象であり、そのあたりのバランスを考察してどのような変化が起きるのかを予測、もしくは説明するのが自由エネルギーなどの概念である。

5 結局なぜエントロピーは増大するのか

ここまでの議論で問題は解決されたのだろうか? 熱平衡状態の実現確率がもっとも高くなるというボルツマンの証明にたいして、エルンスト・ツェルメロは次のように批判する。

気体運動論が状態関係の説明においては多大の成果をもたらすとしても、それがすべてを完全に説明しうること、たとえば時間的過程に適用できることにはならない。なぜなら、状態関係と時間的過程とは別個の領域だからである。気体運動論が前者には多くの点で適切な、またそれゆえに価値のある描像を与えたとしても、なかんずく、不可逆過程の説明に関連する後者については、まったくあらたな仮定なしには必然的に拒否するに違いない、というのが今もって変わらぬ私の信念である。[9]

このツェルメロの批判は的を射ている。かりに熱平衡状態の実現確率が高いのだとしても、確率の概念は時間方向とは無関係である。つまり、熱平衡状態の実現確率が高いのだとすれば、過去においてすでにその状態は実現しているはずだからだ。[10] ところが、現在の私たちはあきらかに非常にエントロピーの低い状態にいる。つまり、非常に実現確率の低いはずの状態が実現しているのである。たとえば、いま表が出る確率が99％で裏が出る確率が1％という非常に偏ったコインを三回投げたとしよう。そして二回目の投擲で裏が出たとする。このとき、たしかに三回目に表が出る確率は非常に高い。しかし一回目が表であった確率も非常に高い。同様に、いまエントロピーが低い状態にあるなら、たしかに未来においてエントロピーがより高くなるであろうが、過去においてもエントロピーが高くなければならないのではないか。それなのになぜ過去はエントロピーが低い状態だったのだろうか。逆にいうと、過去においてきわめて低いエントロピー状態が実現していたならば、現在においてもエントロピーが増大し続けていることは説明できる。この「過去においてきわめて低いエントロピー状態が実現していた」という仮説を「過去仮説」という。[11] それゆえ、熱力学第二法則を時間対称的な法則に還元するためには「過去仮説がなぜ成り立つのか」を説明する必要があるということになる。

この問いにボルツマンは、宇宙全体は私たちが観測可能な宇宙よりもはるかに大きいと想定することで答えようとした。[12] 系全体が熱平衡状態にあっても、そのごく一部が熱平衡状態にない状態（低エントロピー状態）になっていることがある（これを「ゆらぎ」という）。宇宙全体が大きけ

図5・2　観測可能な宇宙はなぜ低エントロピーか

れば大きいほど、そのごく一部で熱平衡状態から大きく離れた状態（ゆらぎ）が実現している確率は相対的に高くなる（図5・2）。私たちの観測可能な宇宙は、私たちの感覚からするととてつもなく大きいが、宇宙全体からみるとそれはごくわずかな一部分であり、それゆえ私たちのいる観測可能な宇宙が熱平衡状態にない（つまり、私たちのいる観測可能な宇宙は「ゆらぎ」の部分である）のはそれほど不思議なことではないというのである。

しかし、もしそうであるのにしても、それほど広大な宇宙のごく一部分のたまたま低いエントロピー状態になっている領域に私たちが存在しているのは不思議なことのように思える。しかし、よく考えてみると、むしろそのような「私たちの生存に都合のいい領域」だから、私たちはこうして存在しているのである（そうでなければ私たちのような知的生命体は存在せず、このような疑問が発せられること自体がなかったであろう）。このような考えかたを「人間原理」という。[13] たとえば、私たちは地球が生命の生存に都合のよい惑星であること、そしてそこに私たちが住んでいることにたいして、(そのような都合のよい条件が整うのは非常に確率が低いのにもかかわらず) ことさらに問題としない。それはなぜかというと、宇宙は広く、惑星も莫大な数だけあるのだからそのような天体があってもおかしくないからである。そして、そのような惑星に私たちがいることも、生存が可能な惑星なのだから私たちが生存しているのであり、不思議でもなんでもない。

このボルツマンの回答で問題は解決できているだろうか。たしかに、宇宙が広大であれば大きなゆらぎが存在する確率は相対的に高くなるが、一方、同じゆらぎでも小さなゆらぎの方が当然のことながらより実現確率が高い。そうだとするならば、いま私たちが目にしている宇宙も含めた環境を可能にするほど低いエントロピー状態が過去にゆらぎによって実現したと考えるよりも、じつはこの宇宙には私の脳のみが存在し、感覚されている環境はすべて脳内の出来事であるという事態の方がエントロピーは高いので、それだけ実現確率が高い[14] (図5・3)。もしくは、そこまで極端でなくとも、宇宙はこれほど豊かではなく、存在しているのは私たちの銀河系だけであるという方がやはり実現確率は高い。ゆらぎによる説明は結局のところ、(もし私たちが目にしている世界が脳内の存在ではなく外部に現実に存在しているのならば) なぜ過去においてそれほど低いエントロピー状態が実現していたのかということを十分に説明できていない。つまり、私たちの存在のためにはこれほどまでにエントロピーが過去において低い必要がないのである。

それではほかにどのような説明が可能であろうか。現在は宇宙がビッグバンからはじまったと

平衡状態にある宇宙にゆらぎで小さな脳だけが生まれた

平衡状態にある宇宙にゆらぎで複雑な構造をもつ広大な私たちが観測している宇宙が生まれた

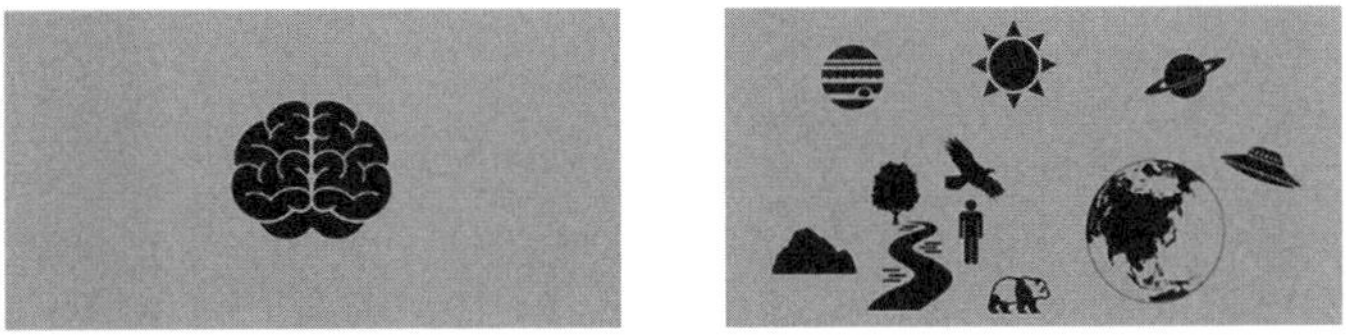

左の方が宇宙全体が均一化された状態からのずれが小さい（ゆらぎが小さい）ので実現確率が高い

図5・3　ボルツマンの脳

いうモデルが一般的である。そして、観測事実（宇宙背景放射の均一性など）から、宇宙の初期には熱的にきわめて均一な状態が実現していたことがわかっている。つまり、宇宙初期に熱的平衡状態が実現していたということであるが、この事実は宇宙の初期が低いエントロピー状態であったことに反しないだろうか。すでに述べたように、重力を考慮に入れると、重力によって物質が集まった状態の方がエントロピーは高い。それゆえ、重力まで考慮に入れると、天体などが構成されておらず、物質が均一に分布している初期宇宙はきわめて低いエントロピー状態にある。だが、それではなぜそのような状態が実現したのか。これに答えるのが、インフレーション宇宙論である。すなわち、ビッグバンよりもさらに以前にきわめて急激に宇宙が膨張したために宇宙は均一になったのである（いわば、シワシワの状態が引き伸ばされたようなものだと考えるといいだろう）。

　しかしそうだとしても、ではなぜインフレーションが起きたのかという問題は生じる。いまここで議論しているのは、因果の鎖をどこまで辿っても究極の原因にたどり着かないという議論ではなくて、「なぜそれほど起こりにくいこと（きわめて低いエントロピー状態）が過去に起きたのか」という議論である。まず、インフレーションによってエントロピーが減少したのでなければ、結局は以前はさらに低いエントロピー状態だったということになる。じっさい、インフレーションの過程で物質粒子が大量に生まれ、それによって全体としてはわずかにエントロピーが増える（粒子が増えればそれだけとりうる状態数が増える）。

これにたいしては、インフレーション理論が現れる以前のビッグバン理論では、ビッグバンが宇宙のはじまりであったのにたいして、インフレーション期はかならずしも宇宙の最初期ではないということによって答えることができるという。[15] そして、インフレーションが生じる前の宇宙の状態はそれほど低いエントロピー状態、つまり実現確率がそこまで低い状態でなかったと考えられるというのだ。しかしそうすると、私たちの宇宙の過去（ビッグバン直後）のエントロピーがきわめて低い状態であったというのはどういう意味か？　どこかでエントロピーを減少させる過程が起こったのか。

インフレーション前の宇宙でインフレーションが生じるためにはたしかにゆらぎが必要になる。ただそのゆらぎはボルツマン流の回答で必要なほど大きなゆらぎである必要はない。宇宙空間のどこかで小さなゆらぎが生じることによってインフレーションが起き、いったんインフレーションが生じると、均一でエントロピーの低い状態が実現する。このようなイフレーションを起こすゆらぎは（わずかなゆらぎでよいので）インフレーション前の空間領域のあちらこちらで起きたと考えられ、そうして生まれた宇宙それぞれは互いに因果的なつながりが切れる（多宇宙仮説）。インフレーションが生じたあとの宇宙がどうなるかはさまざまな可能性があるので、私たちの宇宙のほかにも、生まれてすぐに潰れるような宇宙や、天体が構成できないくらい急速に膨張する宇宙もある。だが、そのような宇宙では私たちのような知的生命体がうまれ、「なぜ過去において低いエントロピー状態が実現したのか」という疑問を発することはない。

おそらく現時点では以上の説明が、物理学的には世界は時間的に対称であるはずなのになぜ熱力学的矢が存在するのかという問題にたいするもっともよい回答であり、そしてもしこれが正しいとすると、結局のところ、熱力学的矢は宇宙論的矢（宇宙が過去から未来へ膨張している）に還元できるのである。もちろん、局所的な準閉鎖系においても熱力学的矢は増大するが、このとき、その系の初期状態はやはりエントロピーが低くなければならない。そして、この系の初期エントロピーを低くするためには宇宙全体のエントロピーが低い必要があるわけだから、局所的な準閉鎖系においてエントロピー増大則が成り立つのも宇宙初期においてきわめて低いエントロピー状態が成り立っていたからである。

だが、それでもやはり過去に低エントロピー状態が実現していたということは時間対称的な法則からは説明できず、原理として受け容れるしかないという議論もある。[16] さらに、全体としてエントロピーが増大していることは説明できても、局所的な開放系（たとえば地球や太陽系）でエントロピーが増大していることは説明できないという議論もある。なぜなら、こうした系は開放系なのだから、エントロピーが増大しなければならない理由はないからである。しかし、私たちは、たとえば地球上で頻繁にエントロピーの増大を目にしている。[17] この辺りの議論については正直にいって私自身もあまり正確にフォローしきれていないのだが、たしかに、地球上でもエントロピーは増大しているのかもしれないが、同時に、生物の成長や山河の形成など局所的なエントロピー減少は起きていて、これは地球が開放系だからであるし、それゆえ、地球という開放系において頻繁にエントロピーは増大していても、同時にエントロピーが減少する現象も起きているので、そこまで説明が必要なことではないのではないかと思う。

6　私たちはなぜ過去だけを記憶しているのか

さて、過去仮説を原理として受け容れずとも説明できるのか、原理として受け容れるべきなのか、いずれが正しいにせよ、それとは独立に心理学的矢が熱力学的矢に還元されるかどうかの議論は可能であろう。記憶の物理的メカニズムはまだ完全に解明されているわけではないが、物理主義をとるならば、記憶だけがなんらかの未知の物理法則に従っていると考えるのは不自然であるので、(以下の考察が正しいか否かは別として)心理学的矢が熱力学的矢に還元できるのはほぼまちがいないのではないかと思われる。

ホーキングは、コンピュータが記憶（記録）する際にエントロピーが増大するが、人間の脳で記憶するときも同様であろうから、この二つは一致するのだと主張する。[18] つまり、記憶は局所的にみると情報が増えているのだからエントロピーが減少しているようだが、環境も含めた系を考えると、記憶の際に脳が熱を放出するので系全体としてはエントロピーが増大するのである。

ただ、この回答が正しいかどうかは疑問が残る。というのも、記憶によってエントロピーが増大するとしても、記憶したデータを「忘れる」ときにもエントロピーは増大するからだ（すでに述べたように、情報の喪失はエントロピーの増大を意味する）。したがって、記憶がある方からない方への向きでもエントロピーは増大するのではないか。私たちは通常の向きで過去の記憶をもっていて未来の記憶をもっていないが、ここで時間を逆向きに眺めてみると、いままでと未来と過去がひっくり返るわけだから、私たちは「未来」（通常の時間方向での過去）の記憶をもっていて、「過去」（通常の時間方向での未来）の記憶を失って行く。このとき、私たちは情報を失っていっているのでエントロピーは増大しなければならないのではないか。しかし、通常の時間方向でエントロピーが増大しているということは、この逆向きの世界ではエントロピーは減少するはずだ。言い換えれば、脳系のエントロピーが増大した分、環境系のエントロピーは減少しなければならない。もちろん、それでも忘却よりも記憶の方が全体のエントロピーが増大するという可能性はある。だが、今度はそうすると、自発的に記憶が失われたり記録が失われたりすることがあるの

「出来事Eの記憶を人物Xがもつ」とは、出来事Eが起きた地点Aから周囲へ散逸した光・音などの一部をXの感覚器が受容し、それが脳へ伝達されるということ
⇒これを逆向きにすると、Xの感覚器も含めた周囲から光や音そのほかがAに向かって収束していくということであり、これはエントロピーが減少する現象

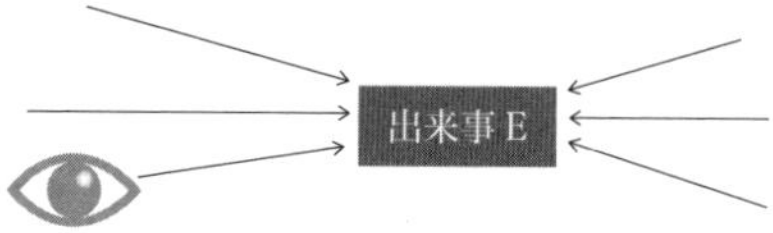

図5・4　心理学的矢を逆にすると？

はなぜだろうか。

私は、この二つの矢の一致は、外界の出来事を私たちがどのように認識するかということに関わるのではないかと思っている。なんらかの出来事が生じたとき、その情報は出来事の生じた地点から四方八方へ発散された光や音、熱などといった媒介により私たちの目などのなんらかの感覚器官に到達し、神経を通って脳へ至り記憶となる。この「出来事が生じてそこから光や音、熱などが拡散する」方向はエントロピーの増大する方向である（図5・4）。これから起きることをあらかじめ知る（未来の記憶をもつ）ということは、未来から過去への方向でみたときは、通常の、上述したような過去の出来事の記憶と同じメカニズムをたどるが、この過程を過去から未来へ（つまり通常の時間方向で）みたならば、脳にあるその未来の出来事についての情報が神経を逆に辿り、たとえば目からその情報をもった光が発し出来事の生じた地点へと至るわけだが、私たちの感覚器官からだけではなく、出来事の生じた地点を取り囲む四方八方からも同様に（過去から未来への時間方向から見たときに）出ていった情報が逆向きに伝わり、この一点に同時に収束しなければならない。だが、これはあきらかにエン

トロピーを減少させる現象である（ので起こる確率が非常に低い）。それゆえ、心理学的矢と熱力学的矢は一致するのである。[19]

すると、私たちが過去だとか未来だとかと呼んでいる時間の方向性はなんなのかというと、結局のところ、記憶（や記録）がある方向を過去と呼び、記憶（や記録）がない方向を未来と呼んでいるだけであり（それゆえ、熱力学的矢が宇宙論的矢に還元されるならば、究極的には宇宙が膨張する方向を未来と呼んでいるということである）、世界の側に内在的な時間の方向性があるわけではない、もしくはあったとしてもこうした矢の説明とは無関係であるということになるだろう。この点について、第七章でくわしく議論する。

註

（1）時間の矢という概念はアーサー・エディトンが提唱したものであるが、時間の矢を熱力学的矢、心理学的矢、宇宙論的矢などと分類したのは、おそらくホーキング（Hawking 1988, p. 153）である。
（2）本章は主に Greene（2004）および Carroll（2010）を参照した。
（3）低温熱源が絶対零度であれば仕事効率が1になるが、それは不可能であることが証明されている。
（4）Clausius（2017）, p. 45.

(5) Loschmidt (1876), S. 139.
(6) たとえば、Carroll (2010) など。
(7) Boltzmann (1877a).
(8) Boltzmann (1877b).
(9) Zermelo (1896), S. 801.
(10) ボルツマン流の、エントロピー増大則の時間対称的な法則への還元にたいする批判については (Price 1996) などをみよ。
(11) 過去仮説 the past hypothesis という名は Albert (2000) がつけたという。
(12) Boltzmann (1895), p. 415.
(13) ところで、現代宇宙論の重要な問題の一つに、微調整問題という問題がある。これは、さまざまな自然定数がちょうどいまの私たちが生きているようなこの宇宙になるのに都合がよいのはなぜか、という問題である。これらの定数が少し違っていただけで現在のような宇宙は存在していない。たとえば、宇宙の膨張の仕方を決める定数に宇宙定数というものがあるが、これがわずかに異なり、もっと宇宙の膨張が急激であれば天体は構成されないし、逆にもっと緩やかであれば重力で潰れてしまう。ちょうどいい膨張の仕方なのである。だがもし多宇宙仮説が正しいならば、各宇宙でそれぞれ定数が異なっていたとすれば、そして宇宙が十分に多くあれば、そのなかにはどれほどそうなる確率が低くとも私たちが存在するのに都合のよい定数をもつ宇宙が存在するだろう。そして、そのような宇宙でなければ私たちは存在できないのだから、私たちの宇宙はそのような都合のよい定数をもつ宇宙なのだ。というような微調整問題にたいする回答もある。これも人間原理（特にこのような人間原理を「強い」人間原理という）を使った回答である。
(14) これを「ボルツマンの脳のパラドクス」という。たとえば、Schulman (1997), p. 154.

(15) Greene (2004), Carroll (2010) など。

(16) North (2011, p. 326) によると、ファインマンやペンローズらも過去仮説を原理として受け容れるべきだと述べているという。過去仮説をめぐる論争は Callender (2004) と Price (2004) をみよ。また、過去仮説はまちがってすらいないという議論もある (Earman 2006)。

(17) North (2011) など。

(18) Hawking (1988), Ch. 9.

(19) 森田 (二〇一七)。

第6章

因果の向きについて

1 序論

因果とはなにかという問題と因果の向きの問題は当然関係があるはずであるが、因果概念に関しては非常に多くの議論があり、この問題の解明だけにさらに一冊の著書が必要である。だが本書で問題としたい、時間の向きと関係する限りでの因果の向きの問題を考察するためには、すべての因果理論をこと細かに吟味して行く必要もないだろう。本書では、主たる理論をごく簡単に概観して、因果の向きの問題へと移ろう。[1]

2　因果概念は還元可能である

近代哲学史において重要な因果理論を提出したのはヒュームである。このころには機械論的な世界観が支配的になっており、世界は必然的な因果律に従って動いているのだという世界観が形成されはじめた時期だといってよいだろう。ところがヒュームは、そのような、因果的法則が必然的に成り立っているという考えには根拠がないという。つまり、私たちはある出来事のタイプCが生じると、それに時間的空間的に隣接してつねにある出来事のタイプEが生じるということを観測して、これからもCが生じると時間的空間的に隣接してEが生じるだろうと推論しているだけである。しかし、つぎにCに属する出来事cが生じても、Eに属する出来事eが生じる保証はどこにもないというのだ。この議論についてこれ以上本書でくわしく議論するつもりはないが、重要なことは、原因と結果の時間順序は、さきに時間の方向性があり、そのうえで、私たちがこれまでの経験から時間的空間的に恒常的に隣接している二つの出来事タイプのうち、過去に属する方を原因と呼び、未来に属する方を結果と呼んでいるということである。つまり、ヒューム理論では、因果の矢は定義によって定まっているのである。

このように、因果概念を原始概念とはみなさないタイプの因果理論では、因果の矢をなんらかのほかの時間的矢に還元する必要がある。ヒューム自身がどう考えていたのかは別として、ヒューム理論では因果的矢は心理学的矢に還元され、そして究極的には熱力学的矢、そして宇宙論的矢に還元されるということになるだろう。

3　反事実条件文による分析

ほかの還元型の因果概念はどうであろうか。現代の分析形而上学の因果理論でもっとも大きな影響を与えたのは、デイヴィッド・ルイスによる反事実条件文による因果の特徴づけであろう。すなわち

cがeの原因であるのは、cとeがじっさいに生じ、かつ（ほかのすべての条件が同じで）cが生じなかったならばeが生じなかっただろう、が真であるとき、そしてそのときのみである

と定義づけるのである。この理論にはその後さまざまな批判が寄せられ、かつそれらを回避するために理論が洗練されて行くのだが、いまの私たちはそのような細々とした議論には興味がない。興味があるのは因果的矢の説明である。ルイスは反事実条件文に方向性があるという。[2]すなわ

ち、「*c*が生じなかったならば*e*が生じなかっただろう」が真であっても「*e*が生じなかったならば*c*が生じなかっただろう」は真ではないというのである。じっさい、*c*が生じたとしてもほんのわずかな条件の違いで*e*を生じなくさせることは可能であろう。だがこの問題は、結局は反事実条件文による分析の問題にも跳ね返ってくる。すなわち、「*c*が生じなかったならば*e*が生じなかっただろう」が偽である（*c*が生じなかったのに*e*が生じる）ような場合がありえるからである。この問題を避ける方法はあるが、おそらく結局のところ反事実条件文の矢は、すくなくとも決定論的な世界観のもとでは、対称的になるであろうことが予測できる。

4 保存量伝達理論

ほかにも還元型の因果理論にはさまざまなものがあるのだが、フィル・ダウの保存量伝達理論をみていこう。[3] ダウによると、真の因果過程とは、エネルギーや運動量などの保存量が伝達される過程である。因果と保存量を結びつける考えかたはそれほど突飛な考えかたではない。なぜなら、世界に厳密な因果律が存在すると認めることは、すべての結果には原因があり、すべての原因には結果があるということであるが、もし無から有が生じるとするならば、その生じた有の原因は存在しない（無は存在しないので）ということになる。それゆえ、世界の基本的な要素は増

え も減りもしないなにかでなければならない。ボーアも因果関係が成り立つことと保存則が成り立つことを同一視していたようなところがある。このような直観を証明したのがネーターの定理といえよう。[4]

ネーターの定理は、保存則と方程式の対称性を結びつける定理である。ある方程式に時間並進対称性があるのならば、その方程式に支配される系ではエネルギー保存則が成り立ち、空間並進対称性があるならば、運動量保存則が成り立つ。ここで「方程式が時間（空間）並進対称性をもつ」とは、その方程式は、任意のどの時点（位置）であっても同じ形で成り立つという性質をもつということである。時間・空間並進対称性をもつということは、厳密な因果律が成り立つためには重要な要素である。なぜなら、厳密な因果律が成り立つとは、厳密な反復可能性があるということも意味するからである。まったく同じ条件を揃えているのに、実験を行う時間や場所が異なることによって異なる結果が生じるならばそれは厳密な因果律が成り立っているとはいいがたいであろう。

さて、ダウの保存量伝達理論は、やはりなんらかの内在的な因果の方向性を定めているわけではない（つまり、外的な要因によって因果の方向が決まる）。では、因果的矢をどのように説明するのだろうか。ここでダウはフォーク理論を導入する。フォーク理論自体は、ライヘンバッハなどによっても時間の方向性の説明のためにすでに導入されていた理論である（ルイスも、反事実条件文的な非対称性はフォークの矢に還元されると考えていた）。つまり、因果過程は未来の方向へ枝わかれしているという理論である。たとえば、太鼓を叩くというひとつの過程が、音の伝播（空気の振動の伝播）という過程や、太鼓の皮の振動の伝播過程（叩かれた部分から周辺への振動の伝播）、熱の伝播過程（わずかだが熱が発生する）などといった複数の過程へと枝わかれしていくが、複数の物理過程がひとつの物理過程へと収束することはほぼない（「ほぼ」ないのか、「まったく」ないのかは議論がわかれる）。ダウのフォーク理論の場合、保存量の伝達によって定義される因果過程が枝わかれしており、このフォークの先の方向を因果の向きだと私たちは認識するのだという。それゆえ、因果方向は内在的なものではないが、私たちの主観の側ではなく世界の側にあることになる。このフォークの向きは巨視的にはエントロピーの向きと重なるが、微視的なレベルではかならずしもフォークの向きと時間の向きは一致しないので、逆向き因果があるという。

たとえば、二章で、ＥＰＲ論文の量子力学の不完全性を示す議論にたいして、一般には非局所性を導入して量子力学の完全性を守るということを述べた。ところが、ダウによると、逆向き因果を導入することで、ＥＰＲ思考実験において非局所性を導入せずに量子力学の完全性も、そして測定前の物理量の値の実在も守ることができるという。すなわち、電子Ⅰの測定が原因で、過去の電子ⅠとⅡのスピンの値が決定されると考える。このとき、電子Ⅰの測定というひとつの出来事から電子ⅠとⅡのスピンの値の決定というふたつの出来事が生起しているのであり、フォークの向きは時間と逆向きになっている。

5　逆向き因果の可能性

ダウの理論がそうであったように、因果の矢を内在的なものとみなさないならば、逆向き因果は可能であるということになる。プライスも、因果的矢をほかの時間の矢に還元するが、ダウと異なり、心理学的矢に還元する。[5] つまり、因果の向きは世界の側にあるのではなく、あくまで主観的なものである。

原因が過去にあると私たちが考えるのは「過去が固定されており、未来が開いている」と考えているからである。そして、私たちが「過去が固定されており、未来が開いている」と考えているのは、私たちには過去の記憶がある（過去になにが起きたかを知っている）が、未来の記憶はない（未来においてなにが起こるか知らない）からである。これは言い換えると、もし私たちが、ある因果過程において時間的に後にある出来事 e_2 をすでに知っていて、その過程の時間的に前にある出来事 e_1 を（まだ観測していないので）知らないのならば、e_2 によって e_1 を引き起こすと考えることはかならずしも直観から外れるわけではないということでもある（因果の向きが固定されたものだという強い信念があるわけでなければ）。

たとえば、ある試験を受けてその合否がある日の午後二時に掲示板に張り出されるとしよう。すると、その日の午後一時ごろにはすでに合否は決定しているはずだが、受験者が張り出される直前まで「合格していますように」と願うことはよくあることである。そして、これはすでに決定した過去を変えよう change としているのではなく、過去を（現在の祈りによって）引き起こそう bring about としているのだろう。[6] ここでじっさいにそのような因果関係が成り立つのかどうかは問題ではなく、私たちの因果概念についての直観のなかから逆向き因果があらかじめ排除されているのではないこと、そしてそのような逆向き因果が生じるかもしれないと考える状況は、同じ因果過程に属する（と思われる）時間的に後の出来事を知っている、もしくはみずから行為することができる（祈り）が、時間的に前の出来事は知らない場合である。この祈りの例では祈りと合否結果のあいだに因果関係があるとは考えられないので、いまひとつ説得力に欠けると感じるかもしれないが、量子力学においては、この考えかたは説得力をもつ。

ＥＰＲ実験では電子Ⅰの測定前のスピンの値はわからない。標準的な解釈（固有値‐固有状態リンクを認める解釈）では、測定前のスピンは値をもたないと考えるのであった。しかし、プライスの因果理論では、電子Ⅰの測定が原因となり過去に遡って測定値が決定されると考えることができる（そしてその理由は、ダウがＥＰＲ実験において逆向き因果があると考えるのとは異なる）。そして、電子ⅠとⅡが空間的に接触している時点での電子Ⅰのスピンの値までそうやって決定されたならば、電子Ⅱのスピンも（保存則から）決定されるので私たちは非局所性を仮定する必要がなくなる。重要なことは、このように解釈をしてもなんら量子力学に反する点がないということである。物理理論には因果関係は内蔵されていても因果の向きは組み入れられていない。むしろ、物理理論にもともと因果の方向性が組み入れられておらず、なおかつ物理学が世界を十分に記述できると考えるならば、因果の方向性は世界の側にあると考えるべきではないだろう。

物理過程がニュートン方程式やシュレーディンガー方程式のような、時間に関する微分方程式で記述できるならば、その系が閉鎖系でないかぎり、その系を含むほかの系の過去の状態および未来の状態と、時間的に連続的で微分可能な過程で結びつけられており、それが因果過程と呼ばれる。だが、繰り返しになるが、物理理論自体には因果方向（そして時間方向も）も内蔵されていないので、こうした方向性は外から入れることになる。

さらに述べるならば、各系の状態はさきにも述べたように、（閉鎖系でないかぎり）その系の過去の状態だけではなく、その系以外の系の過去の状態とも（特殊相対性理論に反しない限りにおいて）因果的に結びつく。「因果的に結びつく」とは、その因果過程が基礎となる微分方程式で記述できるということである。そうすると、ある現在の出来事と因果的に結びつく過去の出来事は多数あることになる。日常的な例でいうと、「マッチに火がつく」という出来事にたいして、「マッチを擦った」という出来事以外にも「十分な酸素がある」「マッチが適切に製造されている」など、さまざまな出来事が成り立っていなければならない。方向と同じく、物理理論自体には、それらのうちどれが探している原因かということも組み込まれていない。こうした原因の候補のうちどれを「原因」と呼ぶかは文脈に依存する。そして、「ある出来事と因果的に結びついている出来事のうちどれを私たちが原因と呼ぶか」が文脈に依存するならば、文脈によっては過去の出来事の原因を現在の出来事であるとみなすことできるのである。

ふたたび量子力学の例に戻ろう。二章で言及した二状態ベクトル形式と関連するのだが、量子力学の測定に弱測定といわれる測定がある。弱測定とは、通常の測定がそれによって系の状態を乱してしまうような測定であるのにたいして、極力系を乱さないように測定系と被測定系のあいだの相互作用を弱くした測定である。その代償として明確な測定値を得ることはできないが、同じ初期状態にした多数の系を弱測定して統計的に処理することにより意味のある値を得ることができる。これを「弱値」と呼ぶ。

たとえば、時刻t_1で、初期状態を同じにしたスピンの値がわからない電子を多数用意しよう。これらの電子のx-スピンにたいして時刻t_2で通常の測定をする。これらの電子のx-スピンの値は半分が上向きで半分が下向きになるだろう(もちろん、無数に用意しない限りは偏りが生じる場合があるが、ここではそのような事態は無視する)。しかし、ここでそれより前の時刻t_0で弱測定を行なっていたとする。t_2で得られた結果によって「上向きスピンの集団」と「下向きスピンの集団」に電子の集団をわけたとすると、「上向きスピンの集団」のt_0での弱値はやはり上向きで、「下向きスピンの集団」のt_0の弱値はやはり下向きである。

ここでt_0の弱値の結果を説明するのに、過去のt_1での状態は役に立たない。なぜなら、弱値は異なっていてもt_1での状態は同じだったからである。だが、t_2での状態は、弱値が異なると異なり同じであれば同じであるので、t_0での弱値をt_1の状態を原因として説明するのは理にかなっている。

ところで、ルイスの反事実条件文による分析を洗練化して、

> いま、cとeはじっさいに生じたとする。cをわずかに変化させた出来事の組〈c_1、c_2、c_3、…〉とeをわずかに変化させた出来事の組〈e_1、e_2、e_3、…〉があったとして、c_1が生じたならばe_1が生じ、c_2が生じたならばe_2が生じ、…c_kが生じたならばe_kが生じただろうという反事実条件文が正しいとき、そしてそのときのみ、eをcの原因と呼ぶ

と考えよう。[7] つまり、ある出来事cがある出来事eの原因であるならば、その出来事cをわずかに変化させたならば結果である出来事eもわずかに変化するのである。

この理論はさきの二状態ベクトル形式の分析ともよく合う。なぜなら、もし過去（時刻t_1）の状態をt_0での弱値の原因と考えるならば、上向きになった場合と下向きになった場合の差異を説明できないが、未来（時刻t_2）の状態を原因と考えるならばこれらの差異を説明できるからである。すなわち、時刻t_2の状態が異なることによって時刻t_0の状態も変化しているのだ。

以上のように、因果の向きは必ずしも固定的なものではない。定義によって固定化する試み以外の因果理論では、とくに量子力学的な状態において逆向き因果を想定することに矛盾はないのである。

6　因果的力能の理論

これまでみてきた、因果概念をほかの概念に還元しえると考える理論にたいし、因果を原始概念とみなして、物質には因果的な力 causal power が内在されているという理論もある。[8] この理論の支持者は、この理論によって物理法則を必然づけることができるという。その主張の是非には本書では立ち入らないことにして、この理論では因果的矢はどのように説明されるのかということを考えてみよう。この理論では因果的矢も原始的なものだとみなされる。それゆえ、これまでみてきたほかの因果理論と異なり、ほかの時間的矢こそが因果的矢に還元されるべきなのである。

本書では深く立ち入らなかったが、ここまでで挙げてきた因果の理論にはそれぞれいくつかの困難がある。こうした因果概念をほかの概念に還元する試みの困難さを取り除くために因果概念を原始概念とみなす理論が誕生したのである。因果とは変化を引き起こすものであるから、変化を原始概念とみなす動的時間論とも相性がよく、すでに一章において因果的力能の理論が現在主義の問題を解くことをみた。そのときに確認したように、因果的力能の理論では、因果は因果関係というふたつの出来事の二項関係ではなく、個物が内在的にもつ力能なのである（これを単称主義と呼ぶことについては第一章四節ですでに触れた）。

だが、どのようにして内在的な因果的矢にほかの時間の矢を還元しうるのか。この疑問は、アド・ホックな説明による以外の仕方では解消が困難である。この困難さが、次の七章で議論する、動的時間論の内在的時間方向と私たちが感じる経験的な時間方向との不一致可能性の問題を生じさせる要因となるのである。

註

(1) 因果の問題はさまざまな哲学の教科書で扱われている。最近のものでは、Carroll and Markosian (2010), Ch. 2; Tallant (2011), Ch. 9; Ney (2014), Ch. 8; Koons and Pickavance (2015), Ch. 3; Loux and Crisp (2017), Ch. 6など。また、因果概念の問題に焦点をあてた入門書はMumford and Anjum (2013).

(2) Lewis (1979).

(3) Dowe (2000).

(4) たとえば、Goldstein (1980), pp. 588ff.

(5) Price (1996). 梶本尚敏氏に指摘を受けたが、この箇所、および次の段落で「過去が固定されており未来が開いている」との信念が「過去に記憶があって未来の記憶がないから」ということに帰するのは、ややプライスの議論を拡張しすぎているかもしれない。正確には「熟慮の向き」に帰される。だが結局のところ、熟慮するのは未来についてであり、それはなぜかというと、未来は知らないから開いていると考え、過去は知っているから固定されていると考えるからだろう。

（6）ダメットの古典的論文もみよ（Dummett 1979）。「過去を変える」とは、たとえばすでに不合格なのが決定していたのに、現在の祈りによってその不合格だった過去を合格した過去に変えるということであり、これは不可能なように思える。一方で、「過去を引き起こす」というのは、現在の祈りの時点で過去の合格／不合格はどちらかに決まっているのだが、たとえば合格していたとして、その過去の合格の原因が現在の祈りであるということである（それゆえ、その合格の原因は、さらにそれより過去にはない）。

（7）Lewis（2000）. ルイスは「*c*が*e*に影響する」といういいかたをする。この影響関係の連鎖が出来事*C*と*E*のあいだにあるならば「*C*が*E*の原因である」という。だが、こういった微妙な言葉づかいの違いはここでは無視する。

（8）Mumford and Anjum（2011）など。

第7章　内在的時間方向について

1　序論

本章では、動的時間論が解決しなければならない問題として「なぜ、経験的時間方向と内在的時間方向が一致するのか」という問題があることを論じる。ここで、経験的時間方向とは、私たちが経験している時間方向のことである。[1] すなわち、第五章で扱った、熱力学的矢や心理学的矢のことである。一方で、内在的時間方向とは、動的時間モデルが前提とする時間方向のことである。もし、時間がじっさいに流れているならば、それには方向があるはずである。つまり、成長ブロック宇宙説ならばブロック宇宙が成長していく方向が未来の方向であるし、動くスポットライト説ならば〈現在〉が動いていく方向ということになる。現在主義の場合はやや込み入っているのであとでまた論じる。いずれにせよ、本章で問題としたいのは、こうした内在的な時間方向と経験的な時間方向が一致する保証がないということである。それゆえ、私たちが過去だと思っている時間方向、すなわち、私たちの記憶がある時間方向やエントロピーが低くなる時間方向、そして宇宙が収縮していく時間方向が本当に過去であるとはいえないのである。したがって、（動的時間論が正しいとすると）私たちはもしかしたら過去においてすでに死んでいて、いま、生誕の瞬間に向かっているのかもしれない。私たちがすでに経験したと思っていることはまだ経験しておらず、これから経験するはずの出来事はすべてすでに経験しているのかもしれない。動的時間モデルでは、いま述べたようなことが事実ではないと証明することができないのである。

私たちの未来にたいする態度と過去にたいする態度は異なっている。たとえば、（経験的な時間方向で）これから起きるかもしれない未来の頭痛にたいしては、私たちはそれを回避する方法がないかを模索する。だが、すでに生じた過去の頭痛そのものにたいして、それを回避する方法を模索したりはしない。もちろん、ふたたび同じタイプの頭痛が未来に起きないようにするために、過去の頭痛がどうしたら避けえたのかについて考えるかもしれないが、それはあくまで未来の頭痛を避けるためである。このような、時間にたいして非対称な私たちの態度は動的時間モデルを用いると容易に説明できるように思える。すなわち、未来の頭痛はいまだ生じておらず、それゆえ生じることを避けえるが、過去の頭痛はすでに生じていて、それゆえ生じることを避けることはもうできないからだ。[2] このことは、一見、動的時間モデルの、静的時間モデルにたいする優位な点のように思える。静的時間モデルによってもこのような態度の非対称性は説明できるかもし

図7・1　経験的時間方向と内在的時間方向は反対かもしれない

れないが、そうだとしても、そのことは、時間的に非対称な態度は時間経過の実在性を必然的には含意しないということを示すに過ぎない。したがって、もし静的時間モデルが私たちの態度の非対称性を説明できたとしても、動的時間モデルはなお、時間モデルの強力な候補のままである。

だが、本章では、じつは動的時間モデルによって時間的に非対称的な私たちの態度を説明することができない、すくなくとも従来考えられているほどに容易には説明できないということを示す。ここでポイントとなるのは、経験的時間方向がかりに逆を向いたとしても、私たちにはそれを認識できないということである（図7・1）。たとえば、もしエントロピーは（内在的時間方向での）過去に向かって高くなっていたとしても、前章での議論より熱力学的矢と心理学的矢は一致するはずだったから、私たちは過去ではなく未来の記憶のみをもつことになり、それゆえ床に散らばっているガラスのコップの破片が自発的に集まり、もとのコップを形成し、そのコップが自発的に床から机の上へと移動したとしても、それを不思議だとは思わない。なぜなら、私たちの目には、机の上にあったコップが床へ落下し、そして割れたと認識されるからだ。それゆえ、繰り返しになるが、こうしたこと（内在的時間方向と経験的時間方向が逆を向くようなこと）が起こったとしても私たちにはそのようなことが起きていることを認識できない。したがって、熱力学的矢なり心理学的矢なりが、内在的時間方向と一致しなければならない理由はどこにもないのだ。そしてそうだとすると、動的時間モデルは、結局のところ、私たちの時間に非対称的な態度を説明することはできない。なぜなら、じつは私たちは未来の頭痛の回避方法を模索しているのではなく、過去の頭痛を回避しようと努力しているかもしれないからだ。

ここで、プライスやプロサーの議論にも触れておこう。[3] かれらは時間経過の経験は時間経過の実在性の証拠にはならないと主張する。なぜなら、

(E) 時間経過は世界の物理状態になんら物理的差異を生み出さない

からである。つまり、現在の物理学には「時間経過」という概念が存在しない(なぜなら〈現在〉という概念が存在しないから)。そして、現在の物理学がこの世界で生じるあらゆる物理状態および物理過程を説明し尽くせるのならば、「時間経過」は世界の物理状態や物理過程の説明には不要なものだということになる。

すでに四章でも触れたが、このような議論に対するバロンの反論をあらためてみておこう。[4] 現行の物理学理論はいまだ究極的なものではない。そして、「時間経過」の実在性は観測可能な証拠によって支えられている(私たちはじじつ、時間の経過を経験している)。それゆえ、主張(E)を支

持する強力な証拠が私たちにはないのである。たとえると、プライスやプロサーは以下のような主張をしているに等しい。いま、ある理論Tにある対象Xが含まれていないとしよう。しかしこのXを私たちは観測している。そうであるのに、現在の支配的な理論TにXが存在しないという点にのみもとづいて「Xは存在しない」だとか「私たちにとってXがあたかも存在するかのように感じられるその理由は現行のTによって説明できるはずだ」などと主張しているようなものである。しかし、これは科学的な態度とはいえないだろう。

そうすると、本章での私たちの議論も、やはり同様にバロンの批判に晒されることになるのだろうか。そうではない。本章での議論もたしかにこのような議論の一種ではある。しかし、本章で私は、物理学が現在の形でなくとも、時間経過の実在性は、時間に関する私たちの非対称的な態度を説明しないということを示す。言い換えると、本章では、未来の物理学がどのような形になるかにかかわりなく、動的時間論者が解決しなければならない問題を提示するのである。すなわち、「なぜ内在的時間方向と経験的時間方向は一致するのか」という問題である。

なお、静的時間モデルには、このモデルが内在的時間方向を仮定しない以上、同様の問題は存在しない。どちらの時間方向が過去または未来かは規約によって決めることができる。すなわち、エントロピーが低い方向が過去であるとか、私たちの記憶がある方向が過去であるとかのようにである。さらにいうと、こうした熱力学的・心理学的非対称性（方向性ではない）すら、内在的なもの（世界の側にあるもの）だと仮定する必要がないことは五章でみたとおりである。[5]

以下では、成長ブロック宇宙説や現在主義という動的時間論の個々の時間モデルをとりあげながら以上のことを議論していこう。動くスポットライト説に関しては、古いモデルでも新しいモデルでも成長ブロック説や現在主義にたいしてなされた議論が容易に適用できるので、あらためてとりあげることはしない。また、この過程で、経験的時間方向と内在的時間方向の一致のためには未来が開いていることが必要となることがあきらかになるだろう。しかし、もし未来が開いているならば、(1)物理学は閉じていないか、(2)時間経過にともなって物理法則が変化するか、のいずれかを選択しなければならないことを示す。これを「開いた未来のジレンマ」と呼ぶことにしよう。

2　成長ブロック宇宙説における内在的時間方向

成長ブロック宇宙説では、ブロック宇宙が成長する方向が内在的な時間方向である。さて、ここでかりに心理学的矢が内在的矢（成長の矢）と逆を向くとしよう。すると、あなたは、未来で起こる出来事Eの記憶をもつことが可能である。しかし通常、出来事Eの記憶が生じた原因はEが生じたことである。だがそれは未来の出来事Eが現在の記憶に因果的影響を及ぼすということになり、それはありえないことのように思える。ここで、「原因はつねに結果に時間的に先行する」という時間の矢を因果的矢と呼ぶことにしよう。しかし、前章で議論したように、原因がつねに結果に時間的に先行しなければならないということは証明されていないのであった。それゆえ、未来に生じる出来事Eが、出来事Eの現在の記憶の原因となってもよいのではないか？

だが、それでもまだ問題は残る。というのも、成長ブロック宇宙説では、未来の出来事やモノは存在していない。それゆえ、もし上述のようなことが可能であるとするならば、存在していない出来事やモノが原因となりうることを意味するが、それは受け容れがたいように思える。しかしそれは本当に受け容れがたい仮定であろうか。第六章で述べたように、因果概念についてはそれを原始概念とみなす立場と、ほかの概念に還元可能であるとみなす立場がある。もし後者の立場が正しいのならば、成長ブロック宇宙説でも未来の出来事やモノが原因で現在の出来事が起こることは可能なように思える。というのも、還元可能理論では因果関係は二項関係であるから、原因とされる出来事が生じてからそれが過去の出来事の原因だとすればよいのである（内在的方向と経験的方向が逆向きなら、私たちは原因とされる出来事がさきに生じたと思っている）。だが、因果的力能の理論では、因果概念は原始概念であり単称主義であるから、存在していない（存在したこともない）モノが原因となることは不可能であり、それゆえ、成長ブロック宇宙説では未来の出来事・モノが現在の出来事を引き起こすことはできない。

それゆえ、因果的力能の理論をとるならば、成長ブロック宇宙説に関しては、因果的矢と内在的な時間方向は一致しているとみるべきであるように思える。そしてそうであるならば、成長ブロック宇宙説は私たちの時間的に非対称な態度を説明できるのではないか。というのも、さきの頭痛の例を用いると、自分の記憶にある頭痛は過去の頭痛であり、もう過ぎ去ったのだからそれについて（同じタイプの頭痛が起こるかもしれないという意味での悩みを除いたら）思い悩む必要はないが、（もちろん、記憶喪失や思い違いという意味ではなく）自分の記憶にはない頭痛はまだ経験していないものであり、これから来るかもしれない頭痛なので、それについて心配することはおかしくないように思える。[6]

だが、ここで問題なのは「出来事Eの記憶の原因は出来事Eが生じたことなのか」ということである。もし「出来事Eの記憶は出来事Eが生じるよりも時間的にさき（過去）に生じており、それ（出来事Eの記憶）が原因で出来事Eが生じた」ということが可能であれば、成長ブロック宇宙説をとっても出来事Eは出来事Eの記憶よりあと（未来）であることになんの問題もない（そうだとしても、私たちは出来事Eがさきに生じたと思っている）。そして、現在の基礎的な物理法則は、熱力学第二法則以外、時間対称的である。これはつまり、出来事Aから出来事Bへの物理過程が存在するならば、出来事Bから出来事Aへの物理過程も存在するということである。第六章で議論したように、もし熱力学第二法則も時間対称的な物理法則へ還元されるならば、宇宙が縮小へ向かっており、それゆえ高エントロピー状態から低エントロピー状態へ向かっており、したがって私たちは死んでいた状態から若返りながら記憶を失っていっているということは物理的に可能である。ここで、物理学的にはかならずしも低いエントロピー状態が高いエントロピー状態の原因とならなければならないということはないし、いまより小さい宇宙が現在の宇宙の状態の原因となっていなければならないわけでもない。そもそも、物理学理論それ自体は、法則で結びつけられた時間軸上に並ぶ出来事どうしのどちらが、そしてどれが原因であるのかということについてなにも述べない。つまり、相関関係は存在しても原因と結果は存在しない。

　しかし、ふたたびバロンの批判を思い出そう。たとえ現在の基礎的な物理法則が時間対称的であっても、今後、もっとも基礎的な物理法則は時間非対称的であることがあきらかになるかもしれない。そもそも、現在の物理学においても、量子力学とローレンツ不変性が正しいのならばＣＰＴ対称性が成り立っているというＣＰＴ定理が存在する。ここで、Ｃとは電荷、Ｐとはパリティ（これがなにかわからなくてもよい）、Ｔが時間である。そして、ＣＰ対称性が破れていることが発見されているので、ＣＰＴ定理より時間には対称性がないことになる。

　だが私が本章で示したいことは、かりに基礎的な物理法則が時間対称的でないとしても、それでもなお、動的時間モデルは私たちの時間非対称的な態度を説明しないということである。このことはふたたび四節で議論する。

　ところで、第六章でダウのフォーク理論について触れたが、そのほかにもホーウィッチやライヘンバッハ、ルイスなどもフォーク理論を支持している。[7] フォーク理論とは、物理過程が一方向にのみ枝わかれしていて、その方向が未来の方向であるという理論であった。また、因果方向もやはりこのフォークの向いている方向と一致している。たとえば、ひとつのガラスのコップが割れた多数のガラスの破片になるという過程はフォーク過程であるし、また一点の光源から熱や光が拡散していく過程もフォーク過程である。このことは、熱力学的矢と因果的矢の一致を意味しており、したがって、上述の議論（因果的矢と熱力学的矢が逆を向くことが可能であるという議論）が成り立たないことを示しているかのように思える。だが、六章で議論したように（ホーウィッチとライヘンバッハはとりあげなかったが）、これらの論者は因果概念をほかの概念に還元可能だとする立場の論者である。ライヘンバッハは世界に普遍的にフォーク非対称性がみられるのは偶然的であると述べているし、同様に、ホーウィッチやダウもこうしたフォーク非対称性は偶然的な初期条件に起因しているとする。フォーク理論は還元型の因果理論であるから、さきに述べたように、かりにフォークの方向と因果的矢が一致するとしても、今度は、これらの矢と内在的時間方向が一致することは保証されない。

因果的力能の理論の場合、繰り返すが、内在的時間方向と因果的矢が一致するとしても、今度は、これらと熱力学的矢や心理学的矢が一致するという保証がないのであった。しかしここで、たとえば、ひとつのモノは多数のモノをつくりだす因果的力能をもっているが、多数のモノがひとつのモノをつくりだすような因果的力能はないとすることによってこの問題は解決できないだろうか。すなわち、因果概念は原始概念であるが、フォークの矢は必然的に因果的矢に結びつくとするのである。すると、フォークの矢と熱力学的矢が一致するならば、内在的時間方向と経験的時間方向は必然的に一致するということになるだろう。じっさい、六章での熱力学的矢と心理学的矢の一致の議論に際して、ある出来事Eが生じるということは、Eが生じた地点から四方八方へと多数の光や音、熱などを生じさせるということだと述べた。そして、そうして発生した光や音などの一部を感覚器が受容して、出来事Eの記憶が形成されるのである。

だが、まず、このような因果的力能の性格づけは、特定の現象を説明するためだけに導入されたアド・ホックなものである。そのうえ、もしこのような性格づけが正しいのならば、逆向きフォークは存在しないはずであるが、逆向きフォークが存在する可能性がダウによって指摘されている。[8]すなわち、すでに六章で議論したＥＰＲ実験における逆向き因果である。電子Ｉのスピン測定というひとつの物理過程が時間を遡って分離直後の電子ＩとⅡのスピンの値の決定という二つの物理過程に分岐しているのである。また、五章で述べたように、重力による凝集もまたエントロピー増大過程であるが、この過程では多数のモノが集まってひとつの天体を構成するのだから、フォークの向きは逆向きになっており、したがって熱力学的矢とフォークの矢はかならずしも一致しない。

成長ブロック宇宙説の代表的な支持者としてマイケル・トゥーリーがいるが、かれの議論も本節の最後に検討しておこう。[9]トゥーリーによると、以下の因果に関する命題が正しいのならば、世界は動的であるという。

(C7) $Prob\ (Px, P \Rightarrow Q \,\&\, C) = Prob\ (Px, C)$

(C_2) $Prob\,(Qx, P \Rightarrow Q \,\&\, C) = Prob\,(Px, C) + Prob\,(\sim Px, C) \times Prob\,(Qx, \sim Px \,\&\, P \Rightarrow Q \,\&\, C)$

(C_3) $Prob\,(Qx, \sim Px \,\&\, P \Rightarrow Q \,\&\, C) = Prob\,(Qx, \sim Px \,\&\, C)$

(C_4) $Prob\,(Qx, P \Rightarrow Q \,\&\, C) = Prob\,(Px, C) + Prob\,(\sim Px, C) \times Prob\,(Qx, \sim Px \,\&\, C)$

ここで、$P \Rightarrow Q$は、性質Pは性質Qを引き起こすのに因果的に十分であるという因果法則を意味する。また、$Prob\,(Px, E) = k$は、Eという証拠だけがある状況において、xがPを所持している確率はkであるということである。そして、Cは情報が論理的真理と因果的法則の言明のみに制限されていることを示している。それゆえ、(C_1) の意味は、情報が論理的真理と因果的法則の言明のみに制限されているなかでxが性質Pをもつ確率（右辺）は、PがQを引き起こすという因果法則があるという情報をつけくわえられた状況のもとでのxがPをもつ確率に等しいということである。つまり、PがQを引き起こすという因果法則があったとして、その原因Pが生じる確率はこの因果法則の有無に関係がないということだから、PはQに時間的に先行しており、かつxは時間的に先行している出来事やモノによってでしか性質Pをもつことはない（結果であるQをxがもつかどうかは原因であるPをxがもつかどうかの確率に関係がない）。ところが、(C_2) によると、Qが生じる確率は、PがQを引き起こすという因果法則のもとでは（その条件がないときと）異なる確率になる。つまり、因果法則$P \Rightarrow Q$は、PはQを引き起こすのに十分であるという法則であったから、Pが生じたならばかならずQは生じる。一方で、PはQの必要条件ではないから、Pが生じなかったときでもQが生じる可能性はある。それゆえ、(C_2)のような関係式が成り立つことになる。(C_3)の右辺はxがPをもたなかったときにxがQをもつ確率であるが、これはxがPをもたずかつ$P \Rightarrow Q$が成り立っているという条件のもとでのxがQをもつ確率と同一である。なぜなら、xはPをもっていないのだから、xがQをもつかどうかは$P \Rightarrow Q$が成り立っているかどうかに関係がないからである。(C_4)は(C_2)と(C_3)から導き出される。

トゥーリーによると、静的時間モデルでは(C_1)が成り立つことは説明できないという。[10] なぜなら、以下の(C_4)*が静的時間モデルでは(C_1)の代わりに成り立つからだ。

$$(C_4)^{*}\ Prob(\sim Px, P \Rightarrow Q \,\&\, C) = Prob(\sim Qx, C) + Prob(Qx, C) \times Prob(\sim Px, Qx \,\&\, C)$$

静的時間モデルでは結果がすでに存在しているのだから、$P \Rightarrow Q$が成り立つ条件下でxがPをもたない確率が結果であるQが成り立つか否かに依存してしまっている。だが、成長ブロック宇宙説では未来は存在しないのだから、このような関係は成り立たない。

しかし、たとえ上述のトゥーリーの議論が正しいとしても、本章での議論には関係がない。なぜなら、本章での議論のポイントは、心理学的矢と熱力学的矢はかならずしも因果的矢と一致しないという点にあるからだ。たとえば、出来事$E(P)$が生じる確率が、出来事Eの記憶(Q)が生じる確率から独立であることがそもそも保証されていないので、出来事Eが出来事Eの記憶の原因であるとすることに根拠がないからである。

3　現在主義における内在的時間方向

本節では現在主義の検討をしよう。現在主義は成長ブロック宇宙説と異なり、存在論的には対称的である。そこでプライアーは、現在主義における内在的時間方向を以下のように表現した。[11]

いま成り立っていることはなんであれ、それが成り立っていたということが〔今後〕つねに成り立つであろう、が成り立つ。しかし、過去と未来をひっくり返して、いま成り立っていることはなんであれ、それが成り立つであろうことが〔以前に〕つねに成り立っていた、は成り立たない。

このような内在的時間方向の表現をPIと呼ぼう。たとえば、いま私は本書を執筆しているが、「私が本書を執筆していた」は今後つねに成り立つだろう。ところが、「私が本書を執筆するだろう」は、たとえば昨日成り立っていたわけではない。

さて、本章で私が主張していることは、出来事Eの記憶は出来事Eがじっさいに生じる以前に形成されることが可能だということである。すなわち、出来事Eが生じたのは出来事Eの記憶が形成されるより以前だと私たちが信じているのにもかかわらず、じっさいは心理学的矢が内在的時間方向の逆を向いている可能性があると主張しているのである。もしくは、出来事Eは出来事Eの記憶より過去の出来事であると私たちが認識しているのにもかかわらず、じっさいは出来事Eはその記憶より未来の出来事であることが可能であるといっているのである。したがって、いま私は「予言」の可能性について議論しているのではないということに注意してほしい。

ところが、PIによると、出来事Eの記憶が出来事Eが生じるよりも前に存在したということは、Eの記憶が形成された時点では「Eが生じるだろう」が成り立っていなかったということになる。つまり、Eの記憶が形成された時点ではEが生じることは未来の出来事なのだから、じっさいにEが生じるであろうことがいえないのである。これはおかしくはないだろうか。なぜなら、Eの記憶があるのにじっさいにはEが起きないということがあるということなのだから。そうであるならば、やはり出来事Eの記憶の形成が出来事Eの生起よりも時間的に先行するということはありえないのではないだろうか。

しかし、PIを受け容れるということは、厳格な因果律が成り立たないことを受け容れるということである。「厳格な因果律が成り立つ」とは、同じ原因にたいしてはつねに同じ結果が、同じ結果にたいしてはつねに同じ原因があるということである。すると、かりにどの原因にたいしてどの結果が生じるのかということを私たちが知らなかったとしても、その前提上、現在の出来事が原因となってどのような未来の出来事が生じるかということは決定されているということになる[12]。したがって、いま成り立っていることはなんであれ、過去においてすでにそれが成り立つであろうことはつねに成り立っているということになる。なので、厳格な因果律が成り立つということは*PI*が成り立たないということである。そうすると、いまPIが成り立つという仮定のもとで議論しているのだから厳密な因果律は成り立っておらず、それゆえ、出来事*E*の記憶はあるのにじっさいには出来事*E*が生じないということはありえる。

二段落前の疑問は、しかしそれはおかしいのではないか、という疑問であったが、じっさいのところ、ある出来事の記憶があるにもかかわらず、その出来事がじっさいには起きていなかった、などということを経験したことがあるのではないだろうか。私たちはそのような事態（出来事*E*が生じていないのにその記憶があること）にたいして、なんらかの原因を過去（経験的方向と内在的方向が逆向きの場合はじっさいには未来）に求めるだろう。そして、なにかしらの原因をみつけだすかもしれない。しかし、それらの原因だと思っている出来事もまた、未来（本当は過去）の「出来事*E*の記憶」が原因となって生じた出来事であることは否定できないのである（PIが成り立つと厳密な因果律が成り立たないから）。したがって、かりにPIを受け容れたとしても、やはり心理学的矢と内在的時間方向はかならずしも一致する必要はないのである。

4　内在的非対称性と方向性

ここで私は、私たちがふだん観測している現象とは時間的に逆向きの現象を観測する可能性があるのだと主張しているのではない、ということに注意してほしい。たとえば、死んだ状態から死にそうな状態で誕生し、だんだんと若返っていき、ついには胎児になって卵子と精子になるというような人物を私たちがじっさいに観測する可能性があるだろう、ということを主張しているのではない。私が主張しているのは「私たち**すべて**が死んだ状態から誕生して、若返っていき、やがて精子と卵子の状態になる」という可能性があるということである。なぜなら、死んだ状態が生きている状態の原因にならないということ、若い状態が年老いた状態の原因になるということ、を保証するものはなにもないからである。

ところで、私はそのように主張しているのではないといま述べたような主張を、ウィリアムズはしている。[13]ウィリアムズによると、私たちとは反対の「成長」をする人物を想定可能だという。そして、この人物においては、意識の流れもまた、私たちとは反対向きになるという。なぜなら、この人物を構成しているあらゆる細胞や電子、原子、分子はすべてほかの細胞や電子、原子、分子とは時間的に逆向きに運動しているからである。それゆえ、その人物は、その人物のまわりのものを私たちとは時間的に反対の向きで観測するだろう。その人物からみると、割れたコップはひとりでに元に戻るし、私たちは死んだ状態から生まれて若返っていく。このようなウィリアムズの議論にたいしてモードリンは、そのような時間的に逆向きに運動している原子や分子、電子や細胞はいかなる心的状態も生み出すことはできないと議論する（モードリンはこのような人物をドッペルゲンガーと呼んでいる）[14]。モードリンは、もし熱力学的矢と心理学的矢が一致しないのならば、このようなドッペルゲンガーは存在できないという。

このように部分的に時間の向きが逆転するようなことはたしかにありえないかもしれない。それゆえ、繰り返すが、私はこのようなドッペルゲンガーが存在しえるだろうと主張しているのではない。私たちすべてが過去の記憶をもたず未来の記憶のみをもち、そして世界は高いエントロピー状態から低いエントロピー状態へ向かっているのである。たとえもし因果概念が原始概念であり、因果的矢と内在的時間方向が一致していたとしても、高いエントロピー状態が低いエントロピー状態の原因となり、宇宙の現在の状態が原因でビッグバンが生じたことは可能である。このようなシナリオを否定するどのような物理的理由もないのである。すでに述べたように、現在の基礎的な物理法則が時間的に対称であるということは、このようなシナリオが可能であることのひとつの強力な理由ではある。

だが、たとえ、基礎的な物理法則が時間非対称的であったとしても、動的時間論者は、なぜ内在的時間方向と経験的時間方向が一致するのかを説明しなければならない。なぜなら、非対称性と方向性は異なる概念であるからである。たとえば、かりに熱力学第二法則がじつは還元不可能な法則であったとしても、繰り返すように、なぜ低エントロピー状態が動的時間モデルでいう過去の状態にならなければならないのか、その理由はどこにもない。

5 開いた未来のジレンマ

ここまで私が提示してきた問題は、時間非対称的な物理法則であっても、内在的時間方向を指し示すことはできない、ということであった。たとえ、時間非対称的な物理法則であっても、それらはどちらの向きが過去（もしくは原因）であり、どちらの向きが未来（もしくは結果）であるかを教えてはくれないからである。しかし、この結論は、物理法則が、未来（と私たちが呼んでいる方向）が（かりに原理的に予測不可能であっても）確定している場合にのみ、有効である。もし物理法則が、時間のある一方向に関しては物理状態が確定していないと述べるならば、その方向は、成長ブロック宇宙説や現在主義がいうように、未来方向であろう（すなわち、未来が開いているということである）。そして、その時間方向と経験的時間方向は一致するはずである。なぜなら、経験的時間方向は物理法則にしたがうはずだからである。

では、そのような物理法則はありえるのだろうか。第二章ですでに言及したように、量子力学はそのように解釈する余地がある。すなわち標準解釈である。だが、これもまたすでに二章で議論したように、そのような解釈には問題がある。つまり、標準的解釈では、物理学が閉じていないのである。そしてこの議論は一般化できる。すなわち、もし未来が開いているならば物理学は閉じていないのである。

いま、未来が開いている世界における基礎方程式Lを考えよう。L自体は時間に依存して変化することなく一定であるとする。そして、Lを解いて、未来の時点tにおけるある系のある物理量Qがもつ値を予測するのだが、未来が開いているという仮定より、Lを解いて得られる解は、Qがある特定の値をtにおいてもつ確率のみを与えるようなものであろう。そうすると、量子力学の標準的解釈における議論と同様に、その未来の時点tが〈現在〉となり、じっさいにQの値を測定して特定の値を得ることができたならば、その値をとる確率は1となるのだから、量子力学における波動関数の収縮と同じような現象が起きることを認めなければならない。つまり、Lでは記述できない過程が存在するということであるが、それが物理過程であるならばLで記述できなければならないはずだから、この過程は物理過程ではないということになり、それゆえ、この世界は物理学によっては完全に記述できないということになる。もし物理学が閉じていないのならば、物理過程以外の過程が存在し、かつその非物理的過程が物理過程に因果的影響を及ぼすということである。しかし、そのようなことがあれば物理法則を定式化することができない。なぜなら、物理学者は物理過程を観察してその物理過程がどのような物理法則にしたがっているのかを探求するわけだが、非物理的過程が物理過程に介入するならば、どこからどこまでが純粋な

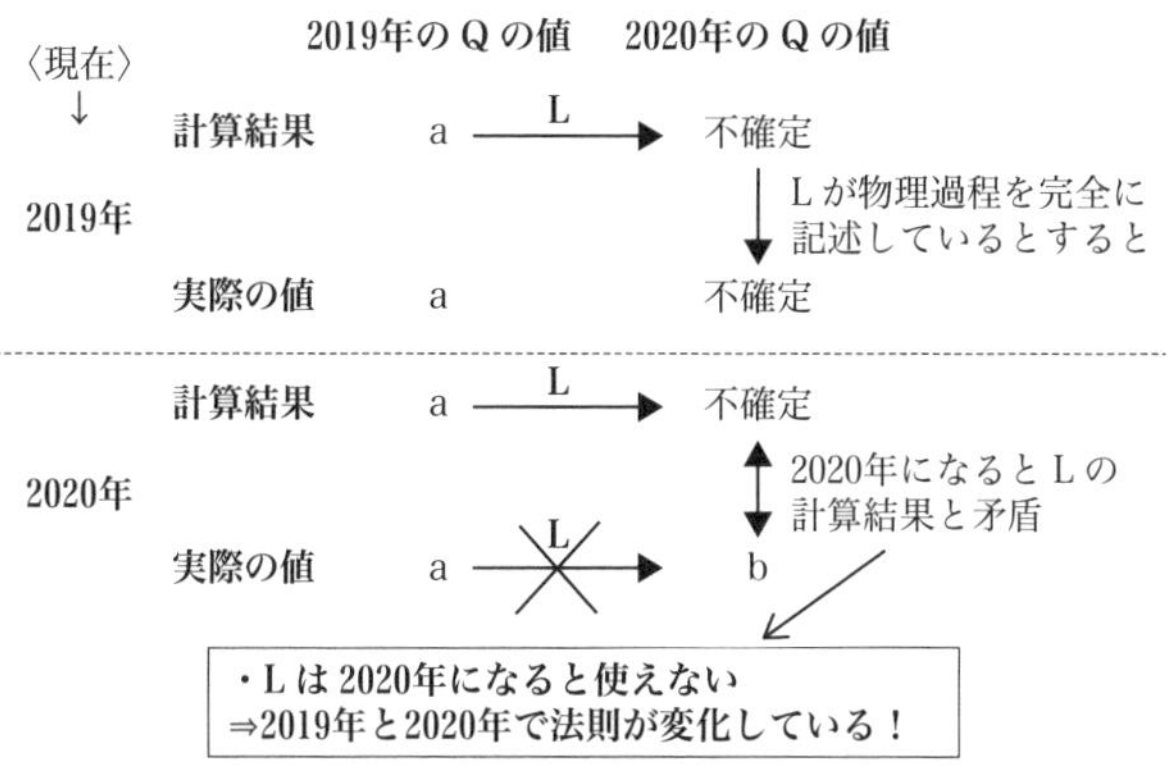

図7・2　未来が開いていると法則が変化する

物理過程であるのかがわからないので、物理法則も定式化することができないからだ。

しかし、未来が開いていても物理学が閉じている可能性がないわけではない。ただし、この場合、今度は物理法則が時間に依存して変化することを認めなければならない（図7・2）。未来が開いている世界を記述する基礎的な物理法則をLとしよう。そして〈現在〉は二〇二〇年だとしよう。Lを用いて、二〇二〇年に得られた系Sの物理量Qの値aを初期状態として、二〇二一年の系Sの物理量Qの値を予測したとする。仮定より、二〇二一年のQの値は確率的にしか与えられない。さて、やがて二〇二一年が〈現在〉となり、Qをじっさいに測定して確定した測定値bを得たとする。しかし、二〇二〇年においては、二〇二一年のQの値は不確定であった。これはたんに「わからない」のではなく、「未来は開いている」という仮定より、二〇二〇年における二〇二一年のQの値はじっさいに不確定なのである。ところが、二〇二一年になるとQの値は不確定から明確な値bへと変化したのである。このことは、もし物理的過程以外の過程が介在していないのだとすればなにを意味するのだろうか。

ここでさらに、二〇二一年が〈現在〉であるときに、あらためて二〇二〇年の系Sの状態、すなわちQの値aを初期状態として二〇二一年現在のQの値を、Lを用いて計算してみる。すると当然のことであるが、Qの値は不確定であるとなる。しかし、じっさいは二〇二一年のQの値はbなのである。つまり、二〇二一年における二〇二一年のQの値はbであるのに、二〇二一年にLを用いて計算するとQの値は不確定となったのだ。言い換えると、Lは二〇二一年になるとまちがった計算結果を与える法則になったのである。それゆえ、二〇二一年に世界を記述する物理法則は二〇二〇年に世界を記述していたLとは異なるはずである。したがって、開いた未来においては、物理法則は時間経過にともなって変化する。しかし、物理法則が時間経過にともなって変化するという事態は、論理的には不可能ではないもののきわめて受け容れがたい。なぜなら、物理法則が時間に依存して変化するならば、いかにして物理法則をみつければよいというのだろうか。物理法則はある程度の期間における物理状態の変化を観測してそこから帰納されるものであるのだから、その期間のあいだにもし物理法則が変化していたならば、物理法則を推測することができないことになる。

それゆえ、次のようなジレンマが成り立つことになる。すなわち、未来が開いているならば、物理学は閉じていないか、物理法則は時間に依存して変化するかである。そしてそのどちらの選択肢も受け容れがたい。これを「開いた未来のジレンマ」と呼ぼう。内在的時間方向と経験的時間方向が一致するためには未来が開いていなければならないが、もし未来が開いているとすると、私たちは開いた未来のジレンマに直面するのである。

ここでいくつかの可能な反論に答えておこう。[15] まず、「物理法則が時間によって変化する」ことが果たして問題なのかという点である。もちろん、それによって物理法則を定式化することが不可能になるのならば、それは問題であろう。だが、本当に、物理法則が変化すれば物理法則を定式化することが不可能になるのだろうか?

たとえば、これまでの科学史において、「もっともよい説明」を与える法則は変化してきた。それゆえ、物理法則は実際に変化しているし、それでも物理学は機能してきた(それぞれの時代に物理法則を定式化してきた)といえないだろうか。しかし、ここで注意したいのは、ある時点Tで、「これまで奉じられてきた法則L_0より、こちらのL_1の方がよりよい法則である」となったときに、「Tよりも前の物理現象にはL_0が適用されるが、以降の物理現象にはL_1が適用される」と主張しているのではないということである。L_1がよりよい法則であるならば、それはTより以前の物理現象をも支配しているはずである。

次に、本議論では、世界を支配する物理法則が存在するという仮定をしていた。だが、「そもそも世界には法則はない、私たちはつねに、その時点でのもっともよい法則を受け容れているだけである」という考えのもとでは、本議論は有効ではないのではないかという疑問もありえる。しかし、そのような考えのもとででも、実践においては、「法則は一貫している」という仮定で、これまで経験してきた現象を**統一的**に説明できる法則を探求しているはずである。したがって、もし法則が時間によって変化しているならば、これまで経験してきた現象を統一的に説明できる法則もみつけることはできないだろう。

最後に、たとえば、一般相対性理論は、宇宙のはじまりの特異点では破綻するという。それゆえ、特異点とそれ以降では、実際に異なる法則が支配していることになる、という批判がありえるだろう。だが、本議論で主張されていることは、このような変化があるということではない。上述の議論（宇宙誕生の瞬間とそれ以降の法則が異なる）が正しいとしても、それ以降、十分に長期にわたって同じ法則が世界を支配していることになっているので、その場合は、物理法則を定式化することは十分に可能であろう。しかし、本議論が正しいとすると、観測のたびに法則は変化しているのである。このように、頻繁に、ほぼつねに、法則が変化するような世界でどのように私たちは法則を定式化するのであろうか。

最後に、未来が開いている、すなわち存在論的非決定論ではジレンマに直面することを認めるとしても、認識論的非決定論、すなわち未来を原理的に予測はできないがしかし未来は確定しているという立場であれば、決定論ではないのだから経験的時間方向と内在的時間方向の一致がいえるのではないかという疑問があるかもしれない。だが、未来が確定しているのであれば、やはり現在主義のPIは成り立たない。なぜならいま成り立っていることは、私たちが予測できないだけで過去においても「成り立つだろう」という形で成り立っていたからだ。同様のことは成長ブロック宇宙説についてもいえる。それゆえ、認識論的非決定論が正しいとしても内在的時間方向と経験的時間方向が一致するとはいえない。

6　まとめ

動的時間論者が動的時間論を支持するひとつの重要な動機は、動的時間論が私たちの時間非対称的な態度を直観的に説明することができるという点にあった。しかし、本章では、動的時間モデルに組み込まれている内在的時間方向は私たちの時間非対称性的な態度を説明するのに役に立たないということを示し、それゆえ、動的時間論を支持するひとつの重要な動機が失われることを示した。なぜなら、内在的時間方向と私たちが経験している経験的時間方向（熱力学的矢と心理学的矢）が必然的に一致するとはいえないからだ。

ここでの重要なポイントは、物理学は事象間の相関関係を記述するが、いずれが原因でいずれが結果であるかについてはなにも述べないということである。現行の基礎的な物理法則はいずれも時間対称的である。唯一、熱力学第二法則が時間に非対称的であるが、五章で議論したように、この法則は時間対称的なほかの法則に還元可能ではないかと考えられている。だが、本章での重要な結論は、かりに基礎的な法則がじつは時間非対称的であり、それゆえこの世界は内在的に時間的非対称性があるのだとしても、それでもやはり内在的時間方向と経験的時間方向の一致はいえないということである。いったいなにが低エントロピー状態が過去であるとか、私たちの記憶している方向が過去であるとか、もしくはビッグバンが起きた時点がこの時点より過去であるとかを決定するのだろうか？　どのような動的時間モデルをとってみてもその答えはない。

しかし、たとえば、ある出来事Eの記憶の原因はその出来事Eが生じたことではないだろうか？　だが、さきに述べたように、物理学は出来事EとEの記憶のあいだに相関を認めるだろうが、これらのうちどちらが原因であるかについてはなにも述べてくれない。それは、現行の物理学が不完全であるからではないと思われる。なぜなら、いったいどのような理論であれば、原因と結果を区別することができるのか、私たちにはわからないからである。

だが、もし未来が開いているのだとすればどうだろうか？　ここで未来が開いているとは、ある物理量Qの値が未来において不確定であることである（未来における物理量だけが不確定でなくてもよいし、「すべて」でなければ未来の値が確定している場合があってもよい）。そうすると、その場合には物理法則に「方向性」が組み込まれたといってもよいのではないだろうか？　なぜなら、動的時間モデルの、とくに成長ブロック宇宙説と現在主義は未来が開いていることを前提としているので、これらのモデルに組み込まれた内在的時間方向と物理学的経験的時間方向は一致するはずだからである。

ところが、本章では、もし未来が開いているのならば、世界は物理学では完全に記述できないか、物理法則は時間によって変化するかのどちらかでなければならないことを示した。そして、これらはどちらも受け容れがたい。まず、物理学が世界を完全に記述できないのならば、物理学以外の過程、たとえば心的過程が存在し、その過程が物理過程になんらかの因果過程を及ぼすということになる（量子力学の標準解釈でいうと、物理過程以外の過程が物理状態を記述している波動関数の収縮を引き起こすということである）。しかしそのとき、どのようにして非物理過程が物理過程に因果的影響を及ぼすことになるのだろうか？　この問題は、デカルト以来の難問であり、現在の心の哲学で物理主義が多数を占める、すくなくとも心物因果を認めない論者が多数を占める大きな理由である。それに、物理学が閉じていないのなら、整合的に物理法則を定式化することもできないだろう。なぜなら、物理過程だけを観察していても、非物理的過程の介入がないかどうか、そしてどのように介入したのかがわからなければ、その物理過程がどのような物理法則にしたがっているのかを推論できないからである。同様に、物理法則が時間によって変化するならば、整合的な仕方で物理法則を定式化するのが困難になる。なぜなら、一定の期間にわたって物理過程を観測し、そのあいだ同一の法則にそれらの物理過程がしたがっているという前提のもとで、物理法則は定式化されるものだからだ。

以上のように、未来が開いていないならば、今後、物理学がどのように発展するにせよ、経験的方向と内在的方向が一致する保証はない、それゆえ、動的時間論で私たちの時間非対称的な態度を説明することはできない。他方、未来が開いているならば、物理学が完全に世界を記述できないか、物理法則が時間に依存して変化するかのいずれかである。だが、これら二つの命題はいずれも受け容れがたいので、未来が開いていることも受け容れがたい。

註

（1）丹治先生からご指摘を受けたが、日本語では、たとえば、「東向き」「西向き」と「東西方向」のように、しばしば「方向」と「向き」を区別する。この例での「方向」では向きがないが、本書で問題としている「方向」は「向き」を意味していると捉えてほしい。

（2）Prior (1959), Tallant and Ingram (2018) など。

（3）Price (1996), pp. 14–5; Prosser (2000; 2007; 2012; 2013).

（4）Baron (2017).

（5）ここでいっているのは、規約で決めることが「できる」ということであって、規約で決めなければならないといっているのではない。

（6）もっとも、そもそも未来の出来事を過去の出来事より気にかけるのは本当に合理的な態度なのかという問題は、哲学的問題のひとつとして残っているが、ここではこの態度が合理的かどうかについては問題にしない。

(7) Reichenbach (1956), Lewis (1979), Horwich (1987), Dowe (2000).

(8) Dowe (2000).

(9) Tooley (1997).

(10) Tooley (1997), pp. 107–11.

(11) Prior (2004), p. 48. 強調は原文イタリック。

(12) なぜなら、今後また世界の状態が現在の状態とまったく同じになったとしたら、(厳密な因果律のもとでは)その一日後の未来の状態は、現在から一日後の未来の状態とまったく同じになるはずだからだ。つまり、現在の状態S_1と一日後の未来の状態S_2にはつねに成り立つ関係があるのだから、S_1になった時点から一日後の未来の状態は不確定ではない(S_2であるということは確定している)。

(13) Williams (1951), pp. 468–9.

(14) Maudlin (2002), pp. 271–4.

(15) ここでの批判は、二〇一九年一一月三日から四日にかけて、文部科学省科学研究助成費基盤(B)「現代時間論の新展開:現在主義と「時間の空間化」の是非をめぐって」(JP19H01187、研究代表者:佐金武)の助成のもとで開催された、The 1st International Conference on Time において著者がした講演(The Open Future Dilemma)へのものである(梶本尚敏、小山虎、鈴木生郎、Silvia de Bianchi、Akiko Frischhut、David Ingram、Cristian Mariani、Giuliano Torrengo の各氏より)。

第8章

時間のはじまりについて

1　序論

本章では、時間経過の実在性と時間のはじまりの関係性を明らかにする。[1] ここで示されることは、「もし時間にはじまりがないのならば時間は経過しない」ということである。私の知る限り、これらの関係についての議論はほんのわずかしかない。すなわち、レ・ペドウィンによるものとダウによるものである。[2] だが、これらも円環的時間と動的時間論の関係について議論したに過ぎない。線形時間にはじまりがあるかないかについてはきわめて多くの文献があるのにもかかわらず、線形時間のはじまりと動的時間論の関係についての考察は存在しないといってよいだろう。しかし、もし本章での結論が正しいのならば、本研究は大きな意義をもつ。なぜなら、一九八〇年代以降、何人かの一流の物理学者たちが、時間にはじまりがあるかないかについて科学的な議論をしはじめているからである。たとえば、サスキントやミザーニとヴィレンキンは宇宙のはじまりの有無について議論し、ヴィレンキンやハートルとホーキングは無からの宇宙の創世について論じていた。[3] なお、ここで「宇宙」とは「時空を含めた存在者すべて」のことであり、宇宙のはじまりは時間のはじまりと同一である。それゆえ、もし物理学が時間にははじまりがないと結論するならば（そして本章での結論が正しいのならば）、動的時間論はまちがいであることを認めなければならない。また、さきに述べたように、線形時間にはじまりがあるかないかについては多くの文献があるにもかかわらず、そのときの時間モデルが動的か静的かということには無頓着であった。しかし、本章で示すように、線形時間にはじまりがあるか否かが時間が動的かどうかに依存するならば、線形時間のはじまりに関する哲学的議論にも重要な寄与をするだろう。

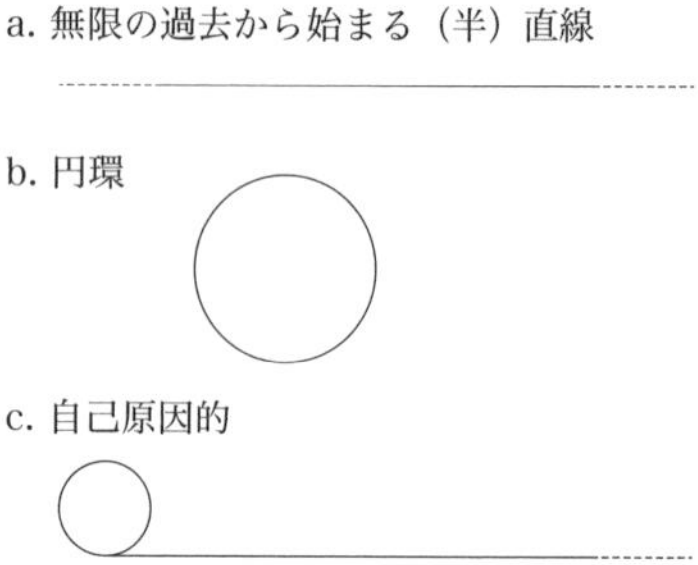

図8・1　時間の形

さて、「時間にはじまりがない」といった場合、次の三つの場合が考えられる（図8・1）。すなわち、(a)無限の過去から時間がはじまった、(b)時間が円環的である、(c)時間は自己原因的にはじまった、である。第二節では、もし時間が経過するならば、時間が無限の過去からはじまることが不可能であることを論じる。ここでその根拠となるのは「出来事の無限系列は完了しない」

という命題である。ところが、この命題にたいしては重要な反論がある。この反論を「無限系列完了可能性についての議論 Argument for Possibility of Completing Infinite Sequence（ＡＰＣＩＳ）」と呼び、以下のように定式化しよう。

無限系列完了可能性についての議論

(1) 出来事の無限系列を完了することは不可能である。
(2) 時間と空間は連続である。
(3) (2)より、時間と空間は無限の部分から成り立っている。
(4) (1)と(3)より、任意の地点から異なる任意の地点への移動は不可能である。
(5) 現実に運動は実在する。
(6) (5)より前提(1)はまちがっている、すなわち出来事の無限系列を完了することは可能である。

ＡＰＣＩＳにたいして本章で提示する反論は以下のようなものである。すなわち、静的時間モデルにおいては(5)が成り立たない、すなわち運動は実在しないので、ＡＰＣＩＳの結論を受け容れる必要がない。一方、動的時間モデルに関していえば、ＡＰＣＩＳが結論するのは「出来事の無限系列を完了することが可能である」ではなく「動的時間モデルがまちがっている」ということに過ぎない。

三節では、時間が経過するならば、時間は円環的であることも自己原因的にはじまることもないことを議論する。もし時間が円環的でありかつ動的であるならば、円環上の任意の時点Oについて「この〈現在〉までにOは何度〈現在〉であったのか」と問うことが可能である。しかし、可能な二つの回答、有限回も無限回もどちらも時間にはじまりがないことを帰結しない。つまり、動的であり、かつ（はじまりがないような）円環的時間モデルであれば生じる問いにたいして、整合的な回答が存在しない。それゆえ、動的時間モデルにおいて時間が円環的であることは不可能である。以上の議論から、もし時間にはじまりがあるならば時間は経過しないことが結論される。

2　時間は無限の過去からはじまったのではない

2.1　時間が無限の過去からはじまったとするいくつかの議論

時間にはじまりがない（無限に過去がある）という「証明」にはいくつかのものがある。まず

は、それらの証明が成功していないことをみていこう。まず、スウィンバーンによると、

> 時間は…論理必然的に境界がない。ある瞬間にはじまりのあるどのような期間の前にも、別の期間が存在する。それゆえ、どの瞬間の前にも別の瞬間が存在する。というのも、ある期間Tより前に、白鳥はどこかに存在したかもしくは存在しなかったかのどちらかだからである。どちらの場合であっても、白鳥が存在するかしないかであるような期間がT以前になければならない。[4]

しかし、「ある期間Tより前に、白鳥はどこかに存在するかもしくは存在しないかのどちらかである」という文は二通りに解釈可能である。[5] いま、P_{-}が過去時制をあらわしているとし、sは「どこかに白鳥がいる」という文をあらわしているとしよう。すると、「白鳥はどこかに存在していたかもしくは存在していなかったかのどちらかだからである」は、(A) $P_s \vee \sim P_s$ と(B) $P_s \vee P_{\sim s}$ の二通りに解釈できる。(A)は「『白鳥がどこかに存在したような過去が存在する』か『白鳥がどこかに存在したような過去は存在しない』かのどちらかである」を意味し、これはたしかに論理必然的に真であるが、時間にはじまりがないことを含意しない。一方で、(B)は「『白鳥がどこかに存在したような過去が存在する』か『白鳥がどこかに存在しなかったような過去が存在する』かのどちらかである」を意味し、この場合は、いずれにせよ任意の期間Tよりも過去が存在する

ことになるが、論理的必然的に真ではない。

過去が無限に存在するという証明は古くからあり、アリストテレスも『自然学』において以下のようにその証明を与えているが、これも不十分なものである。

ところで、「今」なしには時間が存在することも、時間を考えることもできないのだとすると、そして「今」は中間に類するものであって、はじまりとおわりをともにもっている、すなわち来らんとする時間のはじまりと過ぎ去った時間のおわりとをともにもっているとすると、必然的に時間はつねに存在しなければならない。なぜなら、これが最終とみなされた時間域の末端は一連の「今」のどれか一つのうちにあるだろうが、すると「今」ははじまりであるとともにおわりでもあるからには、かならずやその当の「今」の両側にいつでも時間が存在しなければならないから。[6]

これだとわかりにくいので、レ・ペドウィンが再構成したものをもとに、やや修正したものを以下に示す。[7]

(1) すべての時点はいつかは現在である。

(2) 現在とは、過去と未来の境界である。

(3) (1)より、時間に最初の時点があったならば、それも現在であったことがある。

(4) しかし、もし最初の時点が現在であったなら、(2)より、それよりも過去の時点があったことになり矛盾。

(5) ゆえに、時間には最初の時点はない。

だが、素直にこの議論に納得する者はほとんどいないだろう。なぜなら、「現在」の定義(2)で、すでにつねに過去があることが前提とされているからだ。[8] 同様に、カントは、以下のように述べている。

時間が無限 infinite であるとは、一定の大きさの時間はすべて、根底にある唯一の時間を限界づけることによってのみ可能であるということ以上のことではない。それゆえ、その根源的表象である時間は無限定なもの unlimited として与えられていなければならない。[9]

だが、これもカントの独自の立場（一定の大きさの時間はすべて、根底にある唯一の時間を限界づけることによってのみ可能である）に依存しており、説得力をもたない。

このように、時間が無限の過去からはじまったことを証明するものには説得力をもつものがない。しかし、それを証明する議論がないからといって、それだけでは時間が無限の過去からはじまったのではない、とはいえない。それゆえ、以下では、時間が経過するならば時間は無限の過去をもたないことを議論しよう。

2．2　時間は無限の過去からはじまったのではない

時間が無限の過去からはじまったのではないとする典型的な議論は、カントによって与えられたものである。カントは、出来事の無限な時間系列は完了することができないので、世界が無限の過去からはじまったのは不合理であるということを示すことによって、世界にははじまりがあることを証明しようとした。ここで、カントは時間が円環的であることを考慮していないので、世界にははじまりがないことと世界が無限の過去からはじまったことを同一視しており、それゆえ、世界が無限の過去からはじまったのではないならば世界にははじまりがあるとしている。また、カントは「世界のはじまり」と「時間のはじまり」は異なると考えていたようである。なぜなら、世界がはじまる前にはなんの物理的変化も存在しない「空虚な時間」がありえると思っていたようであるからだ。ここで「世界」とは、すべてのモノと物理的出来事を指している。したがって、かれは世界がはじまりをもつと証明したはずなのに、2．1節で述べたように、時間は無限定であると主張することができたのである。

さて、カントの証明は以下のようなものである。もし時間（世界）が無限の過去からはじまっ

たのならば、

ある任意の時点までに永遠が経過しており、それゆえ、世界において、モノが継起する状態の無限の系列が過ぎ去ったことになる。しかし、系列の無限性とは、継起的総合によってはけっして完了しないということを意味する。したがって、世界の無限な過去の系列は不可能である。[10]

この証明は成功しているだろうか？　まず、カントは、**世界**は無限の過去からはじまったのではないということを証明したのであった。それゆえ、カントの証明に問題がなくとも、**時間**が無限の過去からはじまったのではないことが証明されたことにはならない。だが、カントの証明のポイントは、出来事の無限な時間的系列は完了しないという点にある。したがって、いかなる物理的な変化もない空虚な時間においてもなんらかの過程が進行しているのならば、この証明は時間のはじまりにも適用できるだろう。この点についてはのちに議論する。次に、時間が円環的である可能性は考慮していないので、時間がはじまりをもたなければならないことは証明していない。時間が円環的である可能性については次節で議論しよう。

では、簡単のため、まずは空虚な時間がないとして、それゆえ、世界のはじまりと時間のはじまりが同一だとして、時間が無限の過去からはじまったのではないという証明に成功しているかをみていこう。パーイヤーはこの証明を以下のように定式化した。[11] ただし、パーイヤーも、時間（宇宙）にはじまりがないことと時間が無限の過去からはじまったことを同一視しているので、以下の定式化は、パーイヤーのものを少し修正している。

無限の過去の不可能性についての議論（A―I―P）

(1) もし宇宙が無限の過去からはじまったのならば、過去は出来事の無限な時間系列から成り立っている。
(2) 過去の出来事の無限な時間系列は現実無限であって、たんなる可能無限ではない。
(3) 継続的な追加による系列が現実無限になることは不可能である。
(4) 過去の出来事の時間系列は継続的な追加によって形成される。
(5) それゆえ、宇宙は無限の過去からはじまることはできない。

まず言葉の説明をしておこう。可能無限とは可能的にしか存在しない無限である。円周率は二〇一九年三月現在で三一・四兆桁計算されているらしいが、現時点ではそれ以降の桁は存在しないという立場に立つとしよう。この立場では、「円周率の桁数が無限にある」というときの「無限」は可能無限である。すなわち、計算によって無限に円周率は計算していくことができるが、現時点で現実に円周率の桁が無限に存在するわけではないということだ。一方、現実無限は「終わりに至った無限」ともいわれる。円周率のどの桁も計算される前から存在するという立場に立つならば「円周率の桁数が無限にある」というのは現実に無限に存在するといっているということであるから、円周率の桁数は現実無限である。

さて、AIIPにたいする反論はいくつかある。たとえば、(2)にたいして、過去の出来事の系列はたんに可能的に無限であるだけだという批判がある。だが、未来の出来事と異なり、過去の出来事はじっさいに生じた出来事であるから、過去の出来事の時間系列は、もし無限であるならば、現実無限であるはずだ。なお、ここでの「宇宙」という言葉はやや曖昧で、パーイヤーは定義していない。一般に、現代の物理学では宇宙とは時空も含めるので、宇宙のはじまりとは時間のはじまりも含意している。しかし、もしあらゆる物理変化が生じる以前に空虚な時間が存在したとしたならば、AIIPは、すくなくとも一見したところでは、時間のはじまりには適用できないように思える。それゆえ、ここでの「宇宙」はカントの「世界」と同じものと考えたほうがよいだろう。では、もし世界のはじまる前に空虚な時間があったならばどうするのかという点についてはあとで議論することにして、ここでも空虚な時間はないということにしてしばらく議論を進める。

さて、パーイヤーによると、(3)がもっとも議論の余地があるという。たとえば、シンノット-アームストロングは、現実的に無限な出来事の時間系列を完了することができないことを受け容れるならば、いかなる運動も存在しないことになるという。[12] 序論でも定式化したが、ここに再掲しておこう。

無限系列完了可能性についての議論（APCIS）

(1) 出来事の無限系列を完了することは不可能である。
(2) 時間と空間は連続である。
(3) (2)より、時間と空間は無限の部分から成り立っている。
(4) (1)と(3)より、任意の地点から異なる任意の地点への移動は不可能である。
(5) 現実に運動は実在する。
(6) (5)より前提(1)はまちがっている、すなわち出来事の無限系列を完了することは可能である。

APCISにたいして、前提(2)を否定する論者もいる。[13] たしかに現代の物理学者のなかには時空の量子化を主張する者もいるが、現時点では根拠が薄いといわざるをえない。[14] もうひとつの反論は「たしかに私たちは時間も空間も無限に分割することができるが、しかしそれはあくまで私たちの思考のうちにおいてである」というものである。それゆえ、この無限は可能的な無限にすぎない。[15] すなわち、⑵から⑶への推論が妥当ではない（時間と空間が連続であったとしても、時間と空間が無限の部分から成り立っていることにはならない）とするのである。

パーイヤーがとくに注目するのは、この二番目の「分割はあくまで私たちの思考において行われる」という反論である。このように主張することは、言い換えれば、時間や空間は全体として存在しているのであり、部分の集合ではないと主張しているということである。ところが、もしこのような主張を認めるならば、宇宙の歴史を通して、ただひとつの出来事しか存在していないということを認めなければならない。なぜなら、宇宙全体の歴史も、異なる多数の出来事が集まっているのではなく、私たちが思考において、それをそれぞれ異なる出来事として分割していると認めなければならないからである。つまり、ある出来事とそのほかの出来事を区別する自然な（本来的な）区分はないということである。それゆえ、ＡＩＩＰの前提⑴「もし宇宙が無限の過去からはじまったのならば、過去は出来事の無限な時間系列から成り立っている」が成り立たない。つまり、過去が無限であっても、過去の出来事が無限に多くあるわけではないのである。また、⑵「過去の出来事の無限な時間系列は現実無限であって、たんなる可能無限ではない」や⑷「過去の出来事の時間系列は継続的な追加によって形成される」も同様に成り立たないだろう。

ロックとダムズデイはこのパーイヤーの議論を批判し、さらにパーイヤーもそれに応えている。[16] だが、現在の私たちの関心はここにはない。ここで私が試みるのは、ＡＰＣＩＳの⑸の否定、すなわち「運動の実在性の否定」である。それはどのようにして可能なのか。

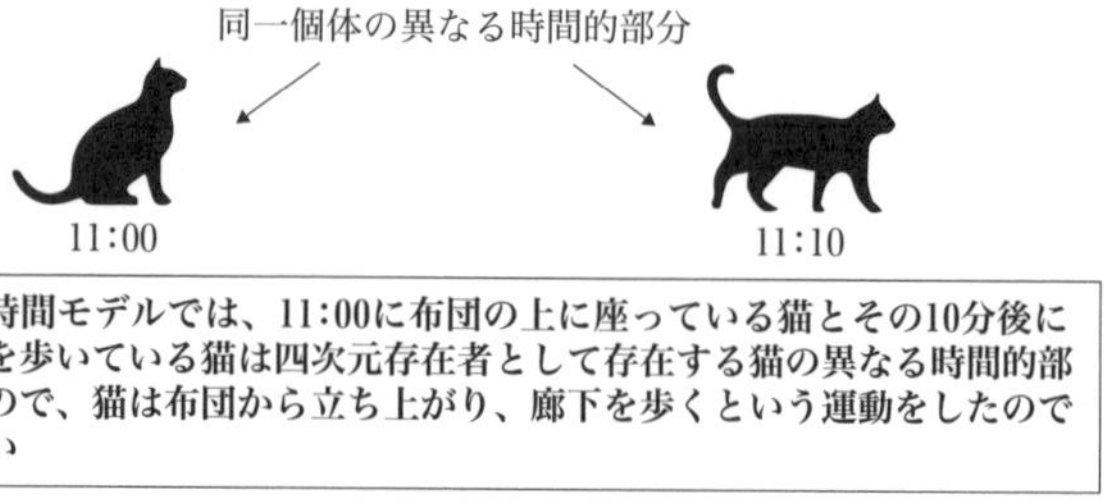

図8・2　静的時間モデルでは運動は実在しない

まず、四次元主義的な静的時間モデルでは、私たちが「運動」と認識しているものはじつは運動ではないことを議論しよう。[17] 静的時間モデルでは、現在とはたんに指標的現在であるだけであった。それゆえ、時間は空間的であり、すべての出来事は、存在したのでもなく存在するだろうでもなく、存在している。ここでの現在形は無時制的な意味の現在形である。すべての個体は四次元的存在者として存在している。したがって、二〇一九年七月三一日午前八時に家にいるあなたと二〇一九年七月三一日の午前九時に職場にいるあなたは、あなたが存在する全期間にわたって存在する四次元的存在者としてのあなたの異なる時間的部分である。それゆえ、静的時間モデルにおいて、同一のあなたが午前八時に家を出て午前九時に職場に到着したのではない。したがって、ここには「運動」は存在していないのである（図8・2）。それゆえ、四次元主義的な静的時間モデルにおいて、「時間が無限の過去からはじまった」とは、時間が全体として無限である、ということである。したがって、同一のなにかが無限の過去から現在に至るまで運動をする必要はなく、それゆえ、時間に無限の過去があったとしても、それは出来事の無限系列が完了したことを意味するわけではない。

だが、それでも、上の議論を認めたとしても、そもそも全体としても時間が無限の大きさをもつことが可能であるのだろうか? じっさい、現実無限がたんに数学的にではなく、物理世界に存在することにたいして疑念を抱く論者は多数いる。[18] しかし本章では、これらの議論についても吟味はしない。なぜなら、たとえ時間が無限の大きさをもつことが不可能であるとしても、本章での私たちの議論には影響がないからだ。というのも、時間が無限の大きさをもてないとしても、それは静的時間モデルにおいても時間が無限の過去からはじまることができないことを示しているだけに過ぎず、静的時間モデルにおいて時間にはじまりがないことが不可能であることを示しているわけではないからだ。すなわち、次節で扱うように、時間が円環的であるならば時間にはじまりがないことは可能であり、そして静的時間モデルではそれが可能であるからだ(しかし動的時間モデルではそれは不可能である)。

さて、では次に動的時間モデルに移ろう。第一章で議論したように、「時間が経過している」とは、成長ブロック宇宙説の場合は、四次元時空体が時間軸方向に成長しているということであり、それゆえ、時間は全体として存在しているのではなく、時間は部分の集合からなる。つまり、過去のより小さいブロック宇宙に、継続的に新たなブロック宇宙が追加されて現在のブロック宇宙になったのだから、ブロック宇宙はそうした継続的に追加されてきたブロック宇宙からなる(そうしたブロック宇宙に連続的に分割できる)。現在主義においては、これまで存在した全期間の

「部分」である〈現在〉のみが実在する。したがって、成長ブロック宇宙説と現在主義では、時間は（これまで存在した時間も含めて）全体として存在するのではない。成長ブロック宇宙説では、過去の時間は（継続的追加されてきた）部分の集合として存在するし、現在主義では、これまで存在した時間のうち、〈現在〉という部分のみが存在する。動くスポットライト説に関してはやや事情は込み入っている。もし古いタイプの動くスポットライト説を採用したならば時間は全体として存在しているといえるかもしれない（し、そういえないかもしれない）。だが、一章で述べたように、古いタイプの動くスポットライト説を採用している論者はほぼいない（おそらくいない）。したがって、新しいタイプのスポットライト説のみを考えるだけでよいだろう。その場合、どの時点が〈現在〉かによって存在論的な差異が生じるので、時間は全体として存在するとはいえないだろう（部分的に存在論的な変化が生じるので、部分に分割可能である）。このように考えると、現在の有力な動的時間論の各モデルでは、もし時間が無限の過去からはじまったならば、過去は出来事の無限な系列であるといえるだろう（すなわち、AIIPの前提(1)が成り立つ）。しかし、無限の系列を完了させることはできないので、時間は無限の過去からはじまることはできない。

しかし、もしそうであるならば、すでに議論したように、いかなる運動も不可能ではないのか？　だが、この批判にたいしてAPCISが結論すべきなのは「出来事の無限系列が完了可能である」ではなく「動的時間モデルがまちがっている」であろう。なぜなら、出来事の無限系列が完了するとはそもそもどういうことかが、私たちには理解不可能だからだ。もちろん、これにたいして、動的時間モデルの否定も直観に反するといわれるかもしれない。だが、動的時間モデルには本書でみてきたように、既存のさまざまな考慮すべき反論がある。一方で、出来事の無限系列の完了不可能性については、APCISくらいしか実質有力な反論が存在しない。そしてAPCISの肝は、運動が実在するということであった。だが、すでにみたように、四次元主義的静的時間モデルをとれば運動は実在しない。それゆえ、動的時間論モデルを守るということ以外に、「無限の出来事の時間系列は完了できない」という主張を否定する根拠はない。もちろん、以上の議論は「無限の出来事の時間系列は完了できない」という主張を直接的に証明するものではないが、すでに述べたように、この主張は直観的なので、否定する側に立証責任がある。そもそも「無限」という概念の本質からして無限の系列が完了するなどということがいかにして可能なのだろうか？

ところで、動くスポットライト説においては〈現在〉はいまだ未来に到着しておらず、成長ブロック宇宙説と現在主義においては未来はいまだ存在していない。それゆえ、未来の出来事の無限な系列は、現実無限ではなくたんなる可能無限である。したがって、（動的時間モデルにおいて）時間は未来方向には可能的に無限である。

さて、すでに述べたように、カントは世界が無限の過去から存在することが不可能であることを示し、パーイヤーにより定式化されたAIIPでは宇宙が無限の過去からはじまらないことを議論していた。したがって、カントの議論やAIIPが妥当であっても、それらは時間が無限の過去からはじまらないということを示したのではないのではないか（それ以前に「空虚な時間」があったかもしれない）？　しかし、これらの議論でのポイントは、出来事の無限系列が完了することができないということであった。したがって、空虚な時間においてもなんらかの過程が存在するならば、ＡＩＩＰは時間が無限の過去からはじまることはできないという証明にも適用できる。

じっさい、成長ブロック宇宙説においても動くスポットライト説においても、物理的変化のない期間にもなんらかの変化があるように思える。つまり、成長ブロック宇宙説では、ブロック宇宙は空虚な時間においても成長し続けるし、動くスポットライト説でもやはり〈現在〉が動き続けている。それゆえ、たとえもし世界のはじまる前に空虚な時間があったのだとしても、成長ブロック説や動くスポットライト説においては、無限の過去から時間がはじまることは不可能である。他方、現在主義では、物理的変化と時間経過が同一視されるので空虚な時間は存在しない。[19]ただし、たとえばマーコジアンのように、時間経過と物理的変化を同一視せず、空虚な時間の存在は現在主義のまちがっていることを示すという議論を認めない現在主義者もいる。マーコジアンは、「純粋な時間経過」という概念を提示し、空虚な時間においても純粋な時間経過があるとしている。[20]たとえば、私たちは、時計や太陽のみかけの運動などのような周期的な物理変化を測定することで時間経過を測定している。マーコジアンによると、このような周期的物理変化は純粋な時間経過の代用物だという。だが、この純粋な時間経過という概念の内実は不明確である。

ひとつの提案としては、非物理的で観察不可能な「形而上学的変化」とでもいうべき変化が、空虚な時間においてもあるというものだろう。そうすると、空虚な時間においてもなんらかの「変化」があるので、時間が無限の過去からはじまることは不可能である。

ところで、カントは、世界ははじまりをもつことができない（それゆえ、世界は無限の過去からはじまった）ということも証明している。[21] この証明のポイントは、事物は無から生じないという前提にある。すべての出来事には時間的に先行する原因がなければならないからである。しかし、第一に、その前提が正しいのは決定論が正しいときのみであり、すでに本書で議論したように、決定論が正しいとは限らない。第二に、たとえもし決定論が正しいとしても、無から世界が生じた可能性がある。たとえば、第三章で簡単に紹介したように、ヴィレンキンやハートルとホーキングは、時空すら存在しないという意味での無からこの宇宙がはじまったという議論している。この議論においては量子力学が使用されているが、第二章で議論したように、量子力学は決定論的に解釈される余地がある。それゆえ、もしかれらの議論が正しいのならば、決定論的世界においても無から世界が生じる可能性はあるのである。

だが、いずれにせよ、かりに有限の過去から時間がはじまることがどの時間モデルでも不可能であるとしても、本章での目的は「時間にはじまりがないのならば時間は経過しない」ということを示すことであったから問題はない。なぜなら、静的時間モデルでは円環的時間が可能であるが動的時間モデルにおいては不可能であることを示せばよいからである。次節では、その作業にとりかかろう。

3　時間が経過しているならば時間は円環的ではない

この節では、時間が経過するならば(b)時間は円環的ではないし(c)自己原因的でもないことを示そう。本節の議論は次のように進む。もし動的時間モデルにおいて時間が円環的であるならば、「ある時点Oがこれまで何度〈現在〉であったのか」という問いを問えることを示す。もしOが有限回〈現在〉であったならば、時間ははじまりをもつということである。一方で、もしOは無限回〈現在〉であったならば、前節の議論を適用でき、それは不可能である。したがって、動的時間モデルにおいては時間が円環的であることは不可能である。この議論は自己原因的である場合にも容易に適用できる。

まず「円環時間」について定義しておこう。ダウによると、もし有限の時間系列t_1、t_2、…t_nにおいて、$t_1=t_n$ならばこの系列は円環的であるという。[22] 以下ではこの定義を用いよう。レ・ペドウィンによると、円環時間には以下のような四つの困難があるという。[23]

一　過去にあることがなぜ未来にもあり得るのか？

二　時間のもっとも顕著な特徴はその方向性にあるが、時間が円環的であるとするならば、Oとは異なる円環上の時点PはOからみて未来でもあると同時に過去でもあるので、いずれが「本当の」時間方向なのかがわからない

三　動く今という概念を円環時間に導入したならば、どの出来事も一度だけ起こったと同時に無限に起こったということになる。

四　もし非因果的な出来事は存在せず、かつ因果には非対称性 asymmetry、推移性 transitivity、非反射性 irreflexivity があるとしたならば、時間は円環的であり得ない。ここで、非対称性とは、もしxがyの原因であるならばyはxの原因ではないということであり、推移性とは、もしxがyの原因でありyがzの原因であるならばxはzの原因でもあるということであり、非反射性とは、xはxの原因ではないということである。いま、時間が円環的であり、出来事x、y、zがこの順序で円環上にあり、xはyの原因でありyはzの原因でありzはxの原因である。すると、推移性からxの原因はxでもあるので、非反射性に反する。同様に、yはzの原因でありzはxの原因であるのだから、推移性よりyはxの原因ということになるが、xはyの原因であったのだから非対称性に反する。それゆえ、もし因果概念にとってこれら三つの性質が本質的であるならば、そして因果概念が実在するならば、時間が円環的であることはない。

四つめの問題点については、因果概念の三つの性質が本質的であるという考えを共有しない者にとっては説得力がなく、かつそう（上の三つの性質が本質的だと）考えない者は少なくないと思われるので、重要な問題ではないだろう。それゆえ、本章ではこの問題点は考察しない。

さて、レ・ペドウィンは、一と二の問題点についての解決法を提案している。すなわち、局所的な非対称性が過去と未来にあるというのである。かりに時間が円環的であってもあきらかにその周期は私たちが経験できないレベルに長いので、近い未来は近い過去ではないし近い過去は近い未来ではない（過去のある出来事が未来において生じたとしても、私たちはそれを経験することはないだろう）。したがって、時間方向は局所的に定義できるのだ。

これと類似であるがより厳密な回答がダウによって与えられている。[24] ダウは「より近い未来」を以下のように定義する：

任意の時間 t_i と t_j について、

・t_j が t_i の「より近い未来」であるとは、

(1) t_j が t_i の未来であり

(2) t_j は t_i の過去ではないか、

(a) $t_j = t_i$ でもなく、

(b) t_j は t_i に、過去方向においてよりも未来方向においてより近いときそのときのみである。

・t_jがt_iの「より近い過去」であるとは、

(1) t_jがt_iの過去であり、

(2) t_jはt_iの近い未来ではない

ときそのときのみである。

いま、西暦二一〇〇年がt_jであり、二〇〇〇年がt_iであり、そして二〇〇〇年から二一〇〇年の向きを未来方向だと定義したとしよう。時間が円環的であったとしても、その周期は百年よりも十分に長いとする。すると、t_jは過去方向よりも未来方向においての方がt_iに近いのだから、二一〇〇年は二〇〇〇年の「より近い未来」なのである。

この解は、問題点一と二を考える際には有効であろう（ただし、前章で議論したように、動的時間モデルの場合、方向はこのような恣意的な定義で決めるものではない）。だが、三にたいしてはなんの解決ももたらさない。なぜなら、第三の問題点は円環時間全体に関わるものであるからだ。そして、本節で指摘したい動的時間モデルにおける円環時間の問題点はまさにここにある。この問題点は以下のように言い換えることが可能であろう。すなわち「ある任意の時点Oはこれまでに何回〈現在〉であったことがあるか」という問いにたいして、可能な二つの回答はいずれも時間にはじまりがないことを帰結するということである。

動くスポットライト説によれば、円環時間ではじっさいに円環状の時間軸が存在し、その上を〈現在〉が動いているというイメージになるだろう。このとき、もしさきの問いにたいする答えが有限であるか0であったならば、時間ははじまりをもつということになり、「動的時間において時間ははじまりをもつことができる」ということはできない。一方、答えが無限回である場合はどうであろう。一章で議論しように、動くスポットライト説や成長ブロック宇宙説ではメタ時間を考えなければならなかった。ブロック宇宙の変化とメタ時間の経過を同一視することによって、第三以上の時間次元の導入は避けられることは一章で議論したが、それでもメタ時間は必要であった。すると、通常の円環時間軸上で〈現在〉が無限回Oを通過したということは、メタ時間は無限の過去からはじまったということである。しかし、メタ時間であっても容易に前節の議論は適用できるので、やはり無限の過去からメタ時間がはじまったということは不可能である。それゆえ、どちらの回答も時間にはじまりはないことを意味しない。

次に現在主義の場合であるが、現在主義の場合はそもそもダウの円環時間の定義を用いることができない。なぜなら、現在主義においては過去の時点も未来の時点も存在しないのだから、$t_0=t_n$などということができないからである。そこで、現在主義では円環時間を以下のように定義してみよう。すなわち、「時間が周期Pで円環的である」とは、厳密に同じ出来事がPごとに生じるということである、というようにである。だが結局のところ、これまでと同じ議論が適用できる。すなわち、現在において生じた出来事Eが過去において何度生じたのかという問いを立てることができ、そして動的時間論者でありかつ時間にはじまりがないと考える論者にとっては、この問いへの合理的答えがないのである。すなわち、0か有限回であるならば時間にはじまりがあるということであるし、無限回であるならばそれは前節の議論より、不可能であった。この議論も定式化しておこう。

動的な円環時間にはじまりがある

(1) 時間は経過している。
(2) 時間は円環である。
(3) (1)と(2)が正しいのならば「ある時点Oはこれまで何回〈現在〉であったか」という問いにたいする有意味な答えがなければならない。
(4) この問いにたいする有意味な答えは、「0か有限回」もしくは「無限回」のいずれかである。
(5) 「0か有限回」が答えである場合、時間ははじまりをもつ。
(6) 「無限回」の場合、メタ時間が無限の過去からはじまったことになる。
(7) だが、無限の過去からはじまることは不可能である。
(8) それゆえ、「ある時点Oはこれまで何回〈現在〉であったか」という問いにたいするどのような答えも動的時間がはじまりをもたないことを意味しない。

(9) したがって、動的な円環時間ははじまりをもつ。

他方、静的時間モデルでは円環時間はなんの問題も引き起こさない。静的時間モデルにおける円環時間とは、時間次元が円環であり、そしてなにものもその上を動くことはないようなものである。前節の議論でいうならば、時間は円環状のものとしてそして全体として存在しているのであり〈現在〉は存在しないのだから、そもそも「この円環上のある時点Oがこれまで何回〈現在〉であったのか」という問いが成り立たない。このような円環時間においては「端」がないので、はじまりを定義することはできない。したがってはじまりがない。それゆえ、静的時間モデルでは、時間が円環的であることによって時間にはじまりがないことが可能である。だが、動的時間モデルにおいては、時間が円環的であってもそれははじまりがある時間であるしかない。さらに、もし時間が現実無限に多い部分から構成されるのならば、無限の系列は完了できないのだから、動的時間モデルにおいてははじまりがある時間ですら不可能であることになる。

4 まとめ

本章では、動的時間モデルでは無限の過去から時間がはじまることは不可能であることを示した。この証明において「出来事の無限系列は完了しない」という命題が重要な役割を担った。しかし、この主張には重大な反論が存在する。この反論によると、もし出来事の無限系列が完了しないならば運動は不可能である。なぜなら、時間と空間が連続的であるならば、任意の二つの地点のあいだには無限の部分が存在し、それゆえ、この二点間を運動しようとするならば無限の系列を完了させなければならないからである。しかし、運動はあきらかに存在するので、出来事の無限系列は完了可能である。

この反論にたいして本章で与えた回答は、「運動は実在しない」というものである。すなわち、静的時間モデルでは個体は四次元存在者として存在するので、異なる時点で異なる地点に存在したとしても、それらは四次元体として存在する同一個体の異なる時間的部分であり、ここに「運動」は存在しない。一方、動的時間モデルに関しては、むしろ、「無限の出来事の系列は完了できないのだから時間は経過できない」と答えるべきである。なぜなら、「無限の出来事の系列は完了不可能である」という命題は直観的に真であるので、立証責任はこの命題を否定する側にあるからだ。

次に三節では、動的時間モデルにおいては、時間は円環的でもないし自己原因的でもないことを論じた。三節での議論は以下のようなものであった。すなわち、もし動的時間モデルにおいて時間が円環的であるならば、「ある任意の時点Oはこれまで何回〈現在〉であったのか」という問いが問えるが、この問いにたいする回答はいずれも時間にはじまりがないことを意味できない。すなわち、答えが0か有限回であるならば、それは結局、時間にはじまりがあるということであるし、無限回であるならば、二節での議論が適用でき、それは不可能であるからである。この円環時間に関する議論は自己原因的な時間にも適用可能である。一方で静的時間モデルでは円環時間は可能であり、それゆえ時間にはじまりがないことも可能である。

序論でも述べたように、時間が経過するか否かは時間の哲学にとっては重要な論争点であった。一方で、現代宇宙論は、時間にはじまりがあるかないかという問題にも答えようとしている。本章では、これら二つの問いを結びつけた。そして、本章での議論が正しく、もし物理学が時間にはじまりがないことを示したならば、時間が経過しているかどうかという形而上学的な問いにも答えが与えられるのである。また、哲学単独で時間にはじまりがあるかないかを議論する場合においても、本章での議論は新しい視点を与えるものである。

註

（1）本章は森田（二〇一九）を大幅に改訂したものである。有益なコメントをくださった谷村省吾氏に感謝する。

（2）Le Poidevin (2003), Ch. 5; Dowe (2009).

（3）Susskind (2012); Mithani and Vilenkin (2012); Vilenkin (1983); Hartle and Hawking (1983).

（4）Swinburne (1968), p. 207.

（5）Newton-Smith (1993), pp. 169ff.

（6）Aristotle (1996), VIII 1. 251b19ff.

（7）Le Poidevin (2003), pp. 77–8.

（8）「納得するものはほとんどいないだろう」と書いたが、このアリストテレスの議論を講義で紹介したとき、何人かの受講生が「アリストテレスの議論は納得できた」と感想に書いていたことは興味深い。また、『広辞苑』（第七版、岩波書店）では「時の流れを三区分した一つで、過去と未来との接点」とあり、『大辞林』（第三版、三省堂）でも同様の記述になっている。

（9）Kant (2007), A32＝B47.

（10）Kant (2007), A426＝B454.

（11）Puryear (2014), p. 620.

（12）Sinnott-Armstrong (2004), pp. 42–3.

（13）Craig (1994; Whitrow (1980), pp. 200–5.

（14）Lock (2016), pp. 593–4.

（15）Craig and Sinclair (2009), pp. 112–3. また、アキレスと亀や二分割のパラドクスにたいするアリストテレスの反論も同様のものであった。

(16) Lock (2016); Dumsday (2016); Puryear (2016).

(17) 静的時間モデルでも「物質的対象は、それが存在するどの時点においてもあますところなく現れている」という三次元主義をとることは可能である（それによって静的モデルでも「変化」や「運動」について語ることができる）。だが、本書では基本的に四次元主義をとる。本書で三次元主義的な静的時間モデルをとりあげないのは、単純に本書の興味のあるトピックについて三次元主義的な静的時間モデルが（すくなくとも四次元主義的な静的時間モデルより）よい解決を与えてくれなさそうだからである。なぜなら、とくに本章では、静的時間モデルの利点はむしろ変化や運動が実在しないと考えることができる点にあると考えているので、静的時間モデルで三次元主義をとり、変化や運動について語る必要がないからである。

(18) Craig (2000), pp. 82–6; Lock (2012).

(19) Tallant (2010), p. 138.

(20) Markosian (1993), p. 835.

(21) Kant (2007), A427=B455.

(22) Dowe (2009), p. 650.

(23) Le Podevin (2003), pp. 86–8.

(24) Dowe (2009), p. 654.

参考文献

内山龍雄（一九八七）『相対性理論』（新装版）、東京：岩波書店。

北島雄一郎（二〇一九）「量子力学の完全性をめぐって：EPR論文とアインシュタインによる論文の相違点」、『現代思想八月号』所収、七七-九〇頁、東京：青土社。

佐藤勝彦（一九九五）『宇宙論講義』、東京：増進会出版社。

佐藤勝彦（一九九六）『相対性理論』、東京：岩波書店。

朝永振一郎（一九六九）『量子力学I』（第二版）、東京：みすず書房。

森田邦久（二〇一五）『アインシュタイン vs. 量子力学』、京都：化学同人。

森田邦久（二〇一七）「時間の経過と方向性について」、『現代思想 一二月臨時増刊号』所収、一二一-一三二頁、東京：青土社。

森田邦久（二〇一九）「時間に「始まり」はあるか」、森田邦久（編）『〈現在〉という謎』所収、一七一-一八二頁、東京：勁草書房。

ルクレーティウス（一九六一）『物の本質について』（樋口勝彦訳）、東京：岩波書店。

Aharonov, Yakir, Peter G. Bergmann and Joel L. Lebowitz (1964) Time Symmetry in the Quantum Process of Measurement. *Physical Review B* 134: 1410–6.

Albert, David Z. (2000) *Time and Chance*. Cambridge, MA: Harvard University Press.

Aristotle (1996) *Physics* (trans. R. Waterfield). Oxford: Oxford University Press.

Baia, Alex (2012) Presentism and the Grounding of Truth. *Philosophical Studies* 159 (3): 341–56.

Barbour, Julian, Tim Koslowski, and Flavio Mercati (2014) Identification of a Gravitational Arrow of Time. *Physical Review Letters* 113: 181101. DOI: 10.1103/PhysRevLett.113.181101

Baron, Sam (2017) Feel the Flow. *Synthese* 194: 609–30.

Bell, John S. (1964) On the Einstein Podolsky Rosen Paradox. *Physics* 1: 195–200.

Bigelow, John (1996) Presentism and Properties. *Philosophical Perspectives* 10: 35–52.

Bohm, David (1989) *Quantum Theory*. New York: Dover.

Bohr, Niels (1935) Can Quantum-Mechanical Description of Physical Reality be Considered Complete? *Physical Review* 48: 696–702.

Boltzmann, Ludwig (1877a) Bemerkungen über einige Probleme der mechanischen Wärmetheorie. *Wiener*Berichte 75: 62–100.「力学的熱理論の若干の問題についての注意」(長浜惲 訳)、『物理学古典論文叢書 五巻 気体分子運動論』所収、一五九–一九五頁、東海大学出版会。

Boltzmann, Ludwig (1877b) Über die Beziehung zwischen dem zweiten Hauptsatze der mechanischen Wärmetheorie und der Wahrscheinlichkeitsrechnung, respective den Sätzen über das Wärmegleichgewicht. Wiener Berichte 76: 373–435.「熱力学の第二法則と熱平衡についての諸定理に関する確率論の計算とのあいだの関係について」(恒藤敏彦 訳)、『物理学古典論文叢書 六巻 統計力学』所収、一一三–一六七頁、東海大学出版会。

Bourne, Craig (2002) When Am I? A Tense Time for Some Tense Theorists? *Australasian Journal of Philosophy* 80 (3): 359–71.

Bourne, Craig (2006) *A Future for Presentism*. Oxford: Oxford University Press.

Braddon-Mitchell, David (2004) How Do We Know It Is Now Now? *Analysis* 64 (3): 199–203.

Broad, Charlie D. (1923) *Scientific Thought*. New York: Harcourt Brace.

Bub, Jefrey (1997) *Interpreting the Quantum World*. Cambridge, UK: Cambridge University Press.

Callender, Craig (2004) There Is No Puzzle about the Low-Entropy Past. In: Hitchcock (2004).

Callender, Craig (2008) Finding "Real" Time in Quantum Mechanics. In: Craig and Quentin (2008), pp. 50–72.

Callender, Craig (ed.) (2011) *The Oxford Handbook of Philosophy of Time*. Oxford: Oxford University Press.

Cameron, Ross P. (2015) *The Moving Spotlight*. Oxford: Oxford University Press.

Carroll, Sean (2010) *From Eternity to Here*. Boston: Dutton Adult.

Carroll, Sean (2019) Beyond Falsifiability: Normal Science in a Multiverse. In: *Why Trust A Theory? Epistemology of Fundamental Physics* (eds. Radin Dardashti, Richard Dawid, and Karim Thébault), pp. 300–14. Cambridge, UK: Cambridge University Press.

Carroll, John W. and Ned Markosian (2010) *An Introduction to Metaphysics*. Cambridge, UK: Cambridge University Press.

Casati, Roberto and Giuliano Torrengo (2011) The Not So Incredible Shrinking Future. *Analysis* 71: 240–4.

Clausius, Rudolf (2017) *The Mechanical Theory of Heat: With its Applications to the Steam-Engine and to the Physical Properties of Bodies* (ed. Thomas Archer Hirst, trans. John Tyndall). London: Andesite Press.

Craig, William Lane (1994) *A Classic Debate on the Existence of God* (November 1994, University of Colorado at Boulder). http://www.leaderu.com/offices/billcraig/docs/craig-tooley5.html.

Craig, William Lane (2000) *The Kalam Cosmological Argument*. Eugene, OR: Wipf and Stock.

Craig, William Lane and James D. Sinclair (2009) The *Kalam* Cosmological Argument. In: *The Blackwell Companion to Natural Theology* (eds. William Lane Craig and J. P. Moreland), pp. 101–201. Oxford: Wiley-Blackwell.

Craig, William Lane and Quentin Smith (eds.) (2008) *Einstein, Relativity, and Absolute Simultaneity*. New York: Routledge.

Crisp, Thomas M. (2004) On Presentism and Triviality. In: Zimmerman (2004), pp. 15–20.

Crisp, Thomas M. (2007) On Presentism and Grounding Objection. *Noûs* 41 (1), 90–109.

Deasy, Daniel (2015) The Moving Spotlight Theory. *Philosophical Studies* 172: 2073–89.

Deasy, Daniel. (2017) What is Presentism? *Noûs* 51 (2), 378–97.

Dirac, Paul A. M. (1958) *The Principles of Quantum Mechanics* (fourth edition). Oxford: Clarendon Press.

Dowe, Phil (2000) *Physical Causation*. Oxford: Oxford University Press.

Dowe, Phil (2009) Every Now and Then: A-Theory and Loops in Time. *The Journal of Philosophy* 106 (12): 641–65.

Dummett, Michael (1979) Bringing about the Past. In: *Truth and Other Enigmas*, pp. 333–50. Cambridge, MA: Harvard University Press.

Dumsday, Travis (2016) Finitism and Divisibility: A Reply to Puryear. *Australasian Journal of Philosophy* 94 (3): 596–601.

Dyke, Heather and Adrian Bardon (eds.) (2013) *A Companion to the Philosophy of Time*. Oxford: Wiley Blackwell.

Earman, John (2006) 'The Past Hypothesis: Not Even False. *Studies in History and Philosophy of Modern Physics* 37 (3): 399–430.

Einstein, Albert (1948) Quanten-Mechanik und Wirklichkeit. *Dialectica* 2: 320–4.

Einstein, Albert, Boris Podolsky, and Nathan Rosen (1935) Can Quantum-Mechanical Description of Physical Reality Be Considered Complete? *Physical Review* 47: 777–80.

Everett III, Hugh (1957) "Relative State" Formulation of Quantum Mechanics. *Reviews of Modern Physics* 29: 452–62.

Forbes, Graeme A. (2015) The Growing Block's Past Problems. *Philosophical Studies* 173 (6): 699–709.

Forrest, Peter (2004) The Real but Dead Past: A Reply to Braddon-Mitchell. *Analysis* 64 (4): 358–62.

Fuchs, Christopher A. (2010) QBism, the Perimeter of Quantum Bayesianism. *arXiv*: 1003.5209 [quant-ph].

Goldstein, Herbert (1980) *Classical Mechanics* (second edition). Reading, MA: Addison-Wesley Publishing.

Goldstein, Sheldon (2017) Bohmian Mechanics. In: *Stanford Encyclopedia of Philosophy* (ed. Edward N. Zalta). https://plato.stanford.edu/entries/qm-bohm/.

Gott III, John (2005) *Time Travel in Einstein's Universe*. London: Orion Books.

Greene, Brian (2004) *The Fabric of the Cosmos*. New York: Vintage.

Guth, Alan H. (1981) The Inflationary Universe: A Possible Solution to Horizon and Flatness Problem. *Physical Review D* 23: 347–56.

Guth, Alan H. (1997) *The Inflationary Universe*. New York: Vintage.

Halvorson, Hans and Rob Clifton (2002) Reconsidering Bohr's Reply to EPR. In: *Modality, Probability and Bell's Theorems* (eds. J. Butterfield and T. Placek), pp. 3–18. Dordrecht: Kluwer Academic Publishers.

Hartle, James and Stephen Hawking (1983) Wave Function of the Universe, *Physical Review D* 28: 2960–75.

Hawking, Stephen. (1988) *A Brief History of Time*. New York: Bantam Books.

Hinchliff, Mark (1996) The Puzzle of Change. *Philosophical Perspectives* 10: 119–36.

Hichcock, Christopher (ed.) (2004) *Contemporary Debates in Philosophy of Science*. Oxford: Blackwell Publishing.

Horwich, Paul (1987) *Asymmetries in Time: Problem in the Philosophy of Science*. Cambridge, MA: The MIT Press.

Jammer, Max (1974) *The Philosophy of Quantum Mechanics*. New York: A Wiley-Interscience Publication.

Kant, Immanuel (2007) *Critique of Pure Reason* (trans. M. Weigelt). London: Penguin Books.

Kochen, Simon and Ernst P.Specker (1967) Problem of Hidden Variables in Quantum Mechanics, *Journal of Mathematics and Mechanics* 17 (1): 59–87.

Koons, Robert C. and Timothy H. Pickavance (2015) *Metaphysics: The Fundamentals*. Oxford: Willey Blackwell.

Leininger, Lisa (2015) Presentism and the Myth of Passage, *Australasian Journal of Philosophy* 93 (4): 724–39.

Le Poidevin, Robin (2003) *Travels in Four Dimensions*. Oxford: Oxford University Press.

Lewis, David (1979) Counterfactual Dependence and Time's Arrow. *Noûs* 13: 455–76.

Lewis, David (2000) Causation as Influence. *The Journal of Philosophy* 97 (4): 182–97.

Lock, Andrew Ter Ern (2012) Is an Infinite Temporal Regress of Events Possible? *Think* 31 (11): 105–22.

Lock, Andrew Ter Ern (2016) On Finitism and the Beginning of the Universe. *Australasian Journal of Philosophy* 94 (3): 591–5.

Loschmidt, Johann J. (1876) Über den Zurstand des Wärmegleichgewichtes eines Systems von Köpern mit Rücksicht auf die Schwerkraft, *Wiener Berichte* 73: 128–42.「重力を考慮した物体系の熱平衡状態について」(長浜惲 訳)、『物理学古典論文叢書 五巻 気体分子運動論』所収、一二九–一五七頁、東海大学出版会。

Loux, Michael J. and Thomas M. Crisp (2017) *Metaphysics: A Contemporary Introduction* (forth edition). New York: Routledge.

Marchildon, Louis (2015) Why I Am Not a QBist, *Foundations of Physics* 45 (7): 754–61.

Markosian, Ned (1993) How Fast does Time Pass? *Philosophy and Phenomenological Research* 53 (4): 829–44.

Makosian, Ned (2004) A Defense of Presentism. In: Zimmermann (2004), pp. 47–82.

Maudlin, Tim (2002) Remarks on the Passing of Time, *Proceedings of the Aristotelian Society*, 102: 259–74.

Maudlin, Tim (2008) Non-Local Correlation in Quantum Theory: How the Trick might be Done. In: Craig and Smith (2008), pp. 156–79.

McTaggart, John, Ellis (1908) 'The Unreality of Time', *Mind*, 17 (68), 457–74.

Merricks, Trenton (2006) Goodbye Growing Block. In: *Oxford Studies in Metaphysics*: Volume 2 (ed. Dean Zimmerman), pp. 103–10. Oxford: Oxford University Press.

Miller, Kristie (2018). The New Growing Block Theory vs. Presentism. *Inquiry* 61 (3): 223–51.

Mithani, Audrey and Alexander Vilenkin (2012) Did the Universe Have a Beginning? *arXiv*: 1204. 4658 [hep-th].

Monton, Bradley (2003) Presentists Can Believe in Closed Timelike Curves, *Analysis* 63: 199–202.
Morita, Kunihisa (2016) Einstein's Criticism and Humean Philosophy. *Historia Scientiarum* 26 (1): 65–74.
Morita, Kunihisa (2017) Presentism and Multiverse Hypothesis. *Annals of the Japan Association for Philosophy of Science* 26 (1): 1–8.
Morita, Kunihisa (2020) Did Bohr Suceed in Defending the Completeness of Quantum Mechanics? *Principia*, forthcoming.
Morris, Richard (1985) *Time's Arrow*. New York: Simon and Shuster.
Mumford, Stephen and Rani Lill Anjum (2011) *Getting Causation from Powers*. Oxford: Oxford University Press.
Mumford, Stephen and Rani Lill Anjum (2013) *Causation: A Very Short Introduction*. Oxford: Oxford University Press.
Myrvold, Wayne (2016) Philosophical Issues in Quantum Theory. In: *Stanford Encyclopedia of Philosophy* (ed. Edward Zalta). https://plato.stanford.edu/entries/qt-issues/
Newton-Smith, William (1993) The Beginning of Time. In: *The Philosophy of Time* (eds. Robin Le Poidevin and Murray MacBeath), pp. 168–82. Oxford: Oxford University Press.
Ney, Alyssa (2014) *Metaphysics: An Introduction*. New York: Routledge.
North, Jill (2011) Time in Thermodynamics. In: Callender (2011).
Norton, John D. (2015) The Burning Fuse Model of Unbecoming in Time, *Studies in History and Philosophy of Modern Physics* 52: 103–5.
Olson, Eric T. (2009) The Rate of Time's Passage, *Analysis* 69 (1): 3–9.
Phillips, Ian (2009) Rate Abuse: A Reply to Olson. *Analysis* 69: 503–5.
Price, Huw (1996) *Time's Arrow and Archimedes' Point*. Oxford: Oxford University Press.
Price, Huw (2004) On Origin of the Arrow of Time: Why there is Still a Puzzle about the Low-Entropy Past. In: Hitch-

cock (2004).

Price, Huw (2011) The Flow of Time. In: *The Oxford Handbook of Philosophy of Time* (ed. Craig Callender), pp. 276–311. Oxford: Oxford University Press.

Prior, Arthur N. (1959) Thanks Goodness, That's Over. *Philosophy* 34 (128): 12–7.

Prior, Arthur N. (1962) Changes in Events and Changes in Things. In: *Papers on Time and Tense* (eds. P. Hasle, P. Øhrstrøm, T. Braüner, and J. Copeland), pp. 7–19. Oxford: Oxford University Press.

Prior, Arthur N. (2004) Some Free Thinking About Time. In: *Logic and Reality: Essays on the Legacy of Arthur Prior* (ed. J. Copeland), pp. 47–51. Oxford: Clarendon Press.

Prosser, Simon (2000) A New Problem for the A-Theory of Time. *Philosophical Quarterly* 50: 494–8.

Prosser, Simon (2007) Could We Experience the Passage of Time? *Ratio* 20: 75–90.

Prosser, Simon (2012) Why Does Time Seem to Pass? *Philosophy and Phenomenological Research* 85: 92–116.

Prosser, Simon (2013) Passage and Perception. *Noûs* 47: 69–84.

Puryear, Stephen (2014) Finitism and the Beginning of the Universe, *Australasian Journal of Philosophy* 92 (4): 619–29.

Puryear, Stephen (2016) Finitism, Divisibility, and the Beginning of the Universe: Replies to Loke and Dumsday, *Australasian Journal of Philosophy* 94 (4): 808–13.

Raven, M. J. (2011) Can Time Pass at the Rate of 1 Second Per Second? *Australasian Journal of Philosophy* 89: 459–65.

Redhead, Michael (1987) *Incompleteness, Nonlocality, and Realism*. Oxford: Clarendon Press.

Reichenbach, Hans (1956) *The Direction of Time*. Berkeley, CA: University of California Press.

Sakon, Takeshi (2015) Presentism and the Triviality Objection. *Philosophia* 43: 1089–1109.

Sakon, Takeshi (2016) Time without Rate. *Philosophical Papers* 45: 471–96.

Sato, Katsuhiko (1981) First-order phase transition of a vacuum and the expansion of the Universe. *Monthly Notices of Roy-*

al Astronomical Society 195 (3): 467–79.

Sakurai, Jun J. (1994) *Modern Quantum Mechanics* (revised edition, ed. San Fu Tuan). New York: Addison-Wesley Longman.

Schulman, Lawrence S. (1997) *Time's Arrows and Quantum Measurement*. Cambridge, UK: Cambridge University Press.

Schrödinger, Erwin (1935) Die gegenwärtige Situation in der Quantenmechanik. *Die Naturwissenschaften* 23: 807–12; 823–8; 844–9.

Shoemaker, Sydney. (1969) Time without Change, *The Journal of Philosophy* 66 (12): 363–81.

Sinnott-Armstrong, Walter (2004) There Is No Good Reason to Believe in God. In: *God? A Debate between a Christian and an Atheist* (eds. Willian Lane Craig and Walter Sinnott-Armstrong), pp. 31–52. Oxford: Oxford University Press.

Skow, Bradford (2012a) Why Does Time Pass? *Noûs* 46: 223–42.

Skow, Bradford (2012b) One Second per Second. *Philosophy and Phenomenological Research* 85: 377–389.

Smart, J. J. C. (1949) The River of Time. *Mind* 232: 483–94.

Stachel, John (ed.) (1988) *Einstein's Miraculous Year*. Princeton: Princeton University Press.

Steinhardt, Paul and Neil Turok (2007) *Endless Universe*, London: Hachette UK Company.

Sullivan, Meghan (2012) The Minimal A-theory, *Philosophical Studies* 158: 149–74.

Sullivan, Meghan (2016) [Book Review] Ross P. Cameron: *The Moving Spotlight : An Essay on Time and Ontology, Notre Dame Philosophical Reviews*. https://ndpr.nd.edu/news/the-moving-spotlight-an-essay-on-time-and-ontology/.

Susskind, Leonard. (2012) Was There a Beginning? *arXiv*: 1204. 5385 [hep-th].

Swinburne, Richard (1968) *Space and Time*. London: Macmillan.

Tallant, Jonathan (2009) Ontological cheats might just prosper. *Analysis* 69 (3): 422–30.

Tallant, Jonathan (2010) A Sketch of a Presentist Theory of Passage. *Erkenntnis* 73 (1): 133–40.

Tallant, Jonathan (2011) *Metaphysics: Introduction*. New York: Continuum.

Tallant, Jonathan (2014) Defining Existence Presentism. *Erkenntnis* 79: 479 -501.

Tallant, Jonathan (2018) Presentism. In: *Stanford Encyclopedia of Philosophy* (ed. Edward Zalta). https://plato.stanford.edu/entries/presentism/.

Tooley, Michael (1997) *Time, Tense & Causation*. Oxford: Oxford University Press.

Vaidman, Lev (2014) Many-Worlds Interpretation of Quantum Mechanics. In: *Stanford Encyclopedia of Philosophy* (ed. Edward N. Zalta). https://plato.stanford.edu/entries/qm-manyworlds/.

Van Inwargen, Peter (2009) *Metaphysics* (third edition). Boulder, CO: Westview Press.

Vilenkin, Alex (1983) Birth of Inflationary Universes. *Physical Review D* 27: 2848–55.

von Baeyer, Hans C. (2016) *QBism*. Cambridge, MA: Harvard University Press.

von Neumann, John (1955) *Mathematical Foundations of Quantum Mechanics* (trans. Robert T. Beyer). Princeton: Princeton University Press.

Warmbröd, Ken (2004) Temporal Vacua, *Philosophical Quarterly* 54 (215): 266–86.

Whitrow, G. J. (1980) *The Natural Philosophy of Time* (second edition). Oxford: Clarendon Press.

Williams, Donald C. (1951) The Myth of Passage. *The Journal of Philosophy* 48 (15): 457–72.

Zermelo, Ernst (1896) Über mechanische Erklärungen irreversibler Vorgänge. Eine Antwort auf Hrn. Boltzmann's "Entgegnung". *Wiedemann Annalen* 59: 793–801.「不可逆過程の力学的説明について Hr. Boltzmann の「反論」への回答」(長浜惲 訳)、『物理学古典論文叢書 五巻 気体分子運動論』所収、二二三-二三〇頁、東海大学出版会。

Zimmerman, Dean (ed.) (2004) *Oxford Studies in Metaphysics* Vol. 1. Oxford: Oxford University Press.

Zimmerman, Dean. (2008) The Privileged Present: Defending an 'A-Theory' of Time. In: *Contemporary Debates in Metaphysics* (eds. T. Sider, J. Hawthorne and D. Zimmerman), pp. 211–25. Hoboken: Blackwell Publishing.

事項索引

タ行

ナ行

ハ行

マ行

ラ行

人名索引

ア行

カ行

サ行

タ行

ハ行

マ行

ラ行

著者

森田邦久 *Kunihisa Morita*

1971年兵庫県姫路市生まれ。現在、大阪大学大学院人間科学研究科准教授。博士（理学)、博士（文学)。専門は科学哲学。主な著書に『科学とはなにか』（晃洋書房)、『量子力学の哲学』（講談社現代新書)、『科学哲学講義』（ちくま新書)、『アインシュタイン vs. 量子力学』（化学同人)、『〈現在〉という謎：時間の空間化批判』（勁草書房）など。

「現代哲学への招待」は、日本哲学界の重鎮・丹治信春先生の監修で、丹治先生の折紙付きの哲学書を刊行してゆく〈ひらかれた〉シリーズです。Basics（優れた入門書）Great Works（現代の名著）Japanese Philosophers（気鋭の日本人哲学者）Anthology（アンソロジー）の4カテゴリーが、それぞれ、青、赤、紫、緑の色分けで示されています。

丹治信春＝1949年生まれ。東京大学大学院理学系研究科博士課程（科学史・科学基礎論）単位取得退学。博士（学術)。首都大学東京大学院人文科学研究科教授を経て、現在、日本大学文理学部教授。専門は、科学哲学・言語哲学。

現代哲学への招待 Japanese Philosophers

時間という謎

2019年12月25日　第1刷発行

著　者――――森田邦久
発行者――――神田　明
発行所――――株式会社 **春秋社**
〒101-0021東京都千代田区外神田2-18-6
電話03-3255-9611
振替00180-6-24861
http://www.shunjusha.co.jp/
印　刷――――株式会社 太平印刷社
製　本――――ナショナル製本 協同組合
装　丁――――芦澤泰偉

Printed in Japan
ISBN 978-4-393-32385-4
定価はカバー等に表示してあります

Invitation to

CONTEMPORARY
PHILOSOPHY

シリーズ「現代哲学への招待」監修者のことば

二〇世紀から今世紀にかけての、さまざまな分野における科学の進展と、驚くべき速度での技術の発展は、世界と人間についての多くの新しい知見をもたらすとともに、人間が生きてゆくということのありかたにも、大きな変化をもたらしてきました。そして現在も、もたらしつつあります。こうした大きな変化のなかで、世界と、そのなかでの人間の位置について、全体的な理解を得ようと努める哲学の営みもまた、変革をつづけています。人類史上はじめてというべき経験が次々と起こってくる現代において、最も基本的なレベルにおける理解を希求する哲学的思索の重要性は、ますます高まっていると思います。

シリーズ「現代哲学への招待」は、そうした現代の哲学的思索の姿を、幅広い読者に向けて提示してゆくことをめざしています。そのためにこのシリーズは、「現代哲学の古典」というべき名著から、一般読者向けの入門書まで、また、各分野での重要な論文を集めて編集した論文集や、わが国の気鋭の哲学者による著書など、さまざまな種類の本で構成し、多様な読者の期待に応えてゆきたいと考えています。

丹治信春